Allen Studierenden

In schwierigen Zeiten

Sommer 2020

Inhalt

Fußgängerpunkte

MARKIERHINWEISE

Erbschaftsteuer
&
Bewertung

BGB ErbStG BewG ErbStR/H

Dürckheim'sche Markierhinweise

9. aktualisierte Auflage 2020

Eine Sammlung wichtiger Textstellen
aus Erlassen, Gesetzen und Richtlinien des
Steuerrechts

Zusammengestellt von
Steuerberater **Thorsten Glaubitz**
und Rechtsanwalt
Constantin Eckbrecht von Dürckheim

DÜRCKHEIM VERLAG

ISBN 978-3-86453-292-4

9. Auflage © 2020 DÜRCKHEIM VERLAG MÜNCHEN
www.duerckheim-register.de

Hergestellt in Deutschland

Vorwort zur 9. Auflage

Die vorliegende 8. Auflage beinhaltet die **wesentlichen Änderungen** der **199. Ergänzungslieferung** bei den **Steuergesetzen** und bei den **Steuerrichtlinien** die **175. Ergänzungslieferung** der Beck'schen Textausgaben benutzt.

Wir dürfen uns an dieser Stelle bei unseren Lektoren und Mitarbeitern bedanken, ohne die diese Bändchen nicht entstanden wären, und wünschen allen Benutzern und Benutzerinnen viel Erfolg.

Trotz aller Sorgfalt sind wir nicht vor Fehlern gefeit. Wir bitten deshalb um Nachsicht und im Einzelfall um Mitteilung, damit wir Ihre wertvollen Hinweise in der Neuauflage berücksichtigen können. **lektorat@duerckheim.de**

Die Herausgeber
München im Juni 2020

Vorwort zum Update 2020/175. EL

Die vorliegende Auflage beinhaltet die **wesentlichen Änderungen** der **175. Ergänzungslieferung** bei den **Steuerrichtlinien** der Beck'schen Textausgaben.

Wesenliche Neuerungen finden sich in der Änderung der Bezifferung der Richtlinine und Hinweise zum ErbStG und zum BewG.

ErbStG:

Die vormaligen RA 13a.1 bis RA 13c. 5 sind nunmehr einheitlich, wie die vorhergehenden Richtlinien und Hinweise mit RE 13a.1 bis RE 13c.5 (bzw. HE 13a.5 usw...) bezeichnet.

Beispielsweise wurde aus RA 13a.11 (Behaltensregelungen – Allgemeines)-> RE 13a.**12**.

Die Richtlinien zu Entnahmenbegrenzung (vormals RA 13a.14) sind nun unter RE 13a.**15** zu finden.

Die frühere Richtlinie RE 13c (Steuerbefreiung für Wohngrundstücke) ist eins weiter zu mit RE 13**d** „gerückt".

BewG:

RB 9.1 wurde zu RB 9.3, aus RB 11.4 wurde RB 11.5 und aus RB 11.5 wurde RB 11.7.

Möge euch das Büchlein von großem Nutzen sein! Viel Erfolg und alles Gute wünschte euch

Euer TeamDürckheim
München im Juni 2020, **info@duerckheim.de**

Vorwort zur 1. Auflage

Gegen Ende der Vorbereitungen auf das Examen sieht das Gesetz meist recht bunt aus. Ältere Markierungen sind vorhanden, aktuelle stärker hervorgehoben. Das Ganze wirkt oft unübersichtlich und wenig hilfreich, um im Stress der Klausuren den richtigen Überblick zu behalten.
Doch darum geht es bei Markierungen: Wesentliches von Unwesentlichem zu trennen, Wichtiges, Zitierfähiges hervorzuheben und unwichtigen Leseballast in den Hintergrund zu drängen.
Dieser Aufgabe haben sich Dürckheim und Glaubitz gestellt und bringen mit dieser Reihe Fußgängerpunkte erstmalig in der Geschichte der Steuerliteratur eine Markierhilfe heraus, die nach Themengebieten gegliedert aufzeigt, welche Textstellen hervorzuheben sind und welche nicht. Dieses Buch erleichtert das Markieren der in Prüfungen oft ausgepunkteten Paragrafen, Definitionen und anderen Textstellen.(...)

Die Herausgeber
München im April 2013

Gebrauchsanweisung

Unermüdlich produzieren unsere gesetzgebenden und rechtsprechenden Organe eine kaum überschaubare Flut von Vorschriften. Dem zum Trotz wird von den Kandidatinnen und Kandidaten in den Examina zum Steuerberater verlangt, fundierte Kenntnisse mitunter aberwitziger Einzelheiten präsent zu haben.

Dieses Werk wurde konzipiert, zur Lichtung des undurchsichtigen Waldes von Erlassen, Gesetzen, Richtlinien, Schreiben, Urteilen und anderen Vorschriften beizutragen, indem hier zu den einzelnen Rechtsgebieten die wichtigsten Textpassagen zusammengestellt wurden.

Sind diese einmal markiert, sind sie dann schon nicht mehr so fremd und werden später in Klausuren und anderen Situationen, die erhöhte Aufmerksamkeit erfordern, leichter aufgefunden und zitiert.

In den Passagen hervorgehoben, fallen die Stichworte sofort ins Auge und können dann in den Klausurtext eingearbeitet werden.

Der Aufbau der Fußgängerpunkte/Markierhilfe in drei Schritten:

In **Spalte eins** bezeichnet die Vorschrift: § 1 Abs. 1
(Beispiel aus dem Umsatzsteuerrecht, § 1 Abs. 1, Nr. 1 UStG).

In **Spalte zwei** folgt ein *Stichwort*, das meist der sog. (nicht) amtlichen Überschrift entnommen oder abgeleitet wurde, *Steuerbare Umsätze*.

In **Spalte drei** wird die Textpassage aufgeführt, die es zu markieren gilt:

... **Lieferungen oder sonstigen Leistungen, Unternehmer, Inland, gegen Entgelt, im Rahmen seines Unternehmens** ...

Beispiel:

§ 1 Abs. 1, Nr. 1 UStG	Steuerbare *Umsätze*	... Lieferungen oder sonstigen Leistungen, Unternehmer, Inland, gegen Entgelt, im Rahmen seines Unternehmens ... >A 1.1. Abs. 1 >Abs. 4 UStAE

Zum schnelleren Auffinden der Textstellen helfen die

- Positionsangaben/Paragrafenziffern in **Spalte 1** und

- die Satznummern in **Spalte 3**.

- die Auslassungspunkte nebst der hochgestellten Ziffer innerhalb der zitierten Textpassage in **Spalte 3**: ...[6]... *(durchlaufende Posten) ...*

Die Auslassungspunkte bedeuten, dass - wie der Name schon sagt - hier Worte oder ganze Sätze ausgelassen wurden. Die hochgestellte kleine Ziffer bezeichnet den Satz, in dem die zu markierende Textpassage zu finden ist.

Auslassungspunkte hinter einer Textpassage zeigen an, dass der Text hier noch mindestens um ein Wort weitergeht.

Beispiel:

§ 10 Abs. 1 UStG	*Bemessungsgrundlage für Lieferungen*	... ist alles, was der Leistungsempfänger aufwendet ... abzüglich Umsatzsteuer ... [6]... (durchlaufende Posten) ... > A 10.1 Abs. 3, 4 und 7 UStAE

Die *kursiv gedruckten Ziffern und Abkürzungen* in **Spalte drei** (hier im Beispiel: > A 10.1 Abs. 3, 4 und 7 UStAE) weisen auf relevante Textpassagen in anderen Werken, meist Richtlinien oder Erlasse, hin. In einigen Bundesländern ist es gestattet, diese am Rand der Richtlinie zu kommentieren.

Beispiel:

| § 15 a
Abs. 1
UStG | *Berichtigung des
Vorsteuerabzugs* | ... fünf Jahren ... Verwendung ... ur-
sprünglichen Vorsteuerabzug maßge-
benden Verhältnisse ...
> *§§ 44, 45 UStDV*

[2]Bei Grundstücken ... ein Zeitraum von
zehn Jahren
> *A 15a.2 Abs. 8 UStAE* |

Beispiel § 10 UStG:

§ 10 Abs. 1 UStG	Bemessungs- grundlage für Lieferungen, sonstige Leistun- gen und innerge- meinschaftliche Erwerbe	... ist alles, was der Leistungsempfänger auf- wendet ... abzüglich der Umsatzsteuer. ... [5]... (durchlaufende Posten) ... > A 10.1 Abs. 3, 4 und 7 UStAE
§ 10 Abs. 2 UStG	Bemessungs- grundlage	[2]...Tausch (§ 3 Abs. 12 Satz 1), bei tauschähnli- chen Umsätzen ... > A 10.2 Abs. 7 UStAE
§ 10 Abs. 4 UStG	Bemessungs- grundlage	Nr. 1. ... Einkaufspreis zzgl. der Nebenkosten... Selbstkosten ... Zeitpunkt des Umsatzes; Nr. 2. ... § 3 Nr. 9. a Nr. 1. UStG nach den ... entstan- denen Ausgaben, soweit sie zum vollen oder teilweisen Vorsteuerabzug berechtigt haben. [2]... Anschaffungs- und Herstellungskosten ... Nr. 3. bei sonstigen Leistungen ... [3] Die Umsatzsteuer gehört nicht zur Bemes- sungsgrundlage. > A 10.1 Abs. 3, 4 und 7 UStAE
§ 10 Abs. 5 UStG	Bemessungs- grundlage	... Absatz 4 gilt entsprechend ... > A 10.2. Abs. 7 UStAE Nr. 1. ... nahestehende Personen ... Nr. 2. ... Bemessungsgrundlage nach Absatz 4 das Entgelt nach Absatz 1 übersteigt;

Ein gemäß unseren Vorgaben markierter § 10 UStG sieht dann so aus:

§ 10 Bemessungsgrundlage für Lieferungen, sonstige Leistungen und innergemeinschaftliche Erwerbe

(1) Der Umsatz wird bei Lieferungen und sonstigen Leistungen (§ 1 Abs. 1 Nr. 1 Satz 1) und bei dem innergemeinschaftlichen Erwerb (§ 1 Abs. 1 Nr. 5) nach dem Entgelt bemessen. Entgelt ist alles, was der Leistungsempfänger aufwendet, um die Leistung zu erhalten, jedoch abzüglich der Umsatzsteuer. [2] Zum Entgelt gehört auch, was ein anderer als der Leistungsempfänger dem Unternehmer für die Leistung gewährt. [3] Bei dem innergemeinschaftlichen Erwerb sind Verbrauchsteuern, die vom Erwerber geschuldet oder entrichtet werden, in die Bemessungsgrundlage einzubeziehen. [4] Bei Lieferungen und dem innergemeinschaftlichen Erwerb im Sinne des § 4 Nr. 4a Satz 1 Buchstabe a Satz 2 sind die Kosten für die Leistungen im Sinne des § 4 Nr. 4a Satz 1 Buchstabe b und die vom Auslagerer geschuldeten oder entrichteten Verbrauchsteuern in die Bemessungsgrundlage einzubeziehen. [5] Die Beträge, die der Unternehmer im Namen und für Rechnung eines anderen vereinnahmt und verausgabt (durchlaufende Posten), gehören nicht zum Entgelt.

(2) Werden Rechte übertragen, die mit dem Besitz eines Pfandscheins verbunden sind, so gilt als vereinbartes Entgelt der Preis des Pfandscheins zuzüglich der Pfandsumme. [2] Beim Tausch (§ 3 Abs. 12 Satz 1), bei tauschähnlichen Umsätzen (§ 3 Abs. 12 Satz 2) und bei Hingabe an Zahlungs statt gilt der Wert jedes Umsatzes als Entgelt für den anderen Umsatz. [3] Umsatzsteuer gehört nicht zum Entgelt.

(3) (weggefallen)

(4) Der Umsatz wird bemessen

1.   bei dem Verbringen eines Gegenstands im Sinne des § 1a Abs. 2 und des § 3 Abs. 1a sowie bei Lieferungen im Sinne des § 3 Abs. 1b nach dem Einkaufspreis zuzüglich der Nebenkosten für den Gegenstand oder für einen gleichartigen Gegenstand oder mangels eines Einkaufspreises nach den Selbstkosten, jeweils zum Zeitpunkt des Umsatzes;

2.   bei sonstigen Leistungen im Sinne des § 3 Abs. 9a Nr. 1 nach den bei der Abführung dieser Umsätze entstandenen Ausgaben, soweit sie zum vollen oder teilweisen Vorsteuerabzug berechtigt haben. [2] Zu diesen Ausgaben gehören auch

die Anschaffungs- oder Herstellungskosten eines Wirtschaftsguts, soweit das Wirtschaftsgut dem Unternehmen zugeordnet ist und für die Erbringung der sonstigen Leistung verwendet wird. [3] Betragen die Anschaffungs- oder Herstellungskosten mindestens 500 Euro, sind sie gleichmäßig auf einen Zeitraum zu verteilen, der dem für das Wirtschaftsgut maßgeblichen Berichtigungszeitraum nach § 15a entspricht;

3.   bei sonstigen Leistungen im Sinne des § 3 Abs. 9a Nr. 2 nach den bei der Ausführung dieser Umsätze entstandenen Ausgaben. [2] Satz 1 Nr. 2 Sätze 2 und 3 gilt entsprechend. [3] Die Umsatzsteuer gehört nicht zur Bemessungsgrundlage.

(5) Absatz 4 gilt entsprechend für

1.   Lieferungen und sonstige Leistungen, die Körperschaften und Personenvereinigungen im Sinne des § 1 Abs. 1 Nr. 1 bis 5 des Körperschaftsteuergesetzes, nichtrechtsfähige Personenvereinigungen sowie Gemeinschaften im Rahmen ihres Unternehmens an ihre Anteilseigner, Gesellschafter, Mitglieder, Teilhaber oder diesen nahen stehenden Personen sowie Einzelunternehmer an ihnen nahestehende Personen ausführen,

2.   Lieferungen und sonstige Leistungen, die ein Unternehmer an sein Personal oder dessen Angehörige auf Grund des Dienstverhältnisses ausführt, wenn die Bemessungsgrundlage nach Absatz 4 das Entgelt nach Absatz 1 übersteigt.

(...)

Praktische Hinweise

Welcher Stift?
Auch hier zeigt die Erfahrung, dass Dünndruckpapier bei *Faserschreibgeräten (Filzstifte, Textmarker auf Flüssigkeitsbasis)* aufwellt und die Farbe rückseitig durchschlägt. Da erscheinen Buntstifte brauchbarer. Nach einigem Herumprobieren fanden wir recht schnell zwei Artikel, die unseren Anforderungen gerecht wurden.

FABER Textliner 1148
Produktbeschreibung des Herstellers:
„Trockentextmarker in neongelb, neongrün, pink, orange und blau.
Ausführung Schaft: Holz, ergonomische Dreikantform, 175 mm, Schaft lackiert, Lackierung auf Wasserbasis gegeben. Extradicke, weiche, leuchtstarke Mine für alle gängigen Normal- und Spezialpapiere. Stärke der Mine: 5,4"

Nach unserer Wertung ist die Leuchtkraft in Ordnung, ansonsten bleibt der Text lesbar wie bei den sonst üblichen Faserschreibgeräten. Umweltfreundliches Produkt, günstig und lange verwendbar.

Nachteile: Bei frisch gedrucktem oder geschriebenem Text oder schwierigem Papier kann es passieren, dass die Schrift leicht verwischt. Zur deutlichen Kennzeichnung ganzer Sätze oder Stichworte sind ggf. mindestens zwei Übermalungen/Striche nötig.

STABILO Woody 880/205 Herstellerangaben: *„Der Stabilo Woody ist Farbstift, Wassermalfarbe und Wachsmalkreide! Mit der extradicken, bruchsicheren 10 mm Mine zaubern Kinderhände satte Farben auf große Flächen auch dunkler Papiere. Die samtweiche ölhaltige Mine ermöglicht auch das Bemalen von glatten Flächen z.B. Glas. Mit Wasser und Pinsel eröffnen sich viele kreative Möglichkeiten. Stiftbedruckung in Minenfarbe."*

Nun benutzen die Stifte hier keine Kinderhände. Aber die dem Stift innewohnenden Eigenschaften lassen sich sehr gut auf dem glatten Papier der Gesetzessamm-

lungen anwenden. Wir hoffen, dass die Holzummantelung aus nachhaltiger Wald-
bewirtschaftung kommt, wissen es aber nicht. Aber Holz ist unserer Ansicht nach
immer noch besser als Kunststoff.

Die Mine ist wirklich sehr groß bzw. dick, sprich XXL. Es können damit die Sätze
oder Stichworte bequem mit einem einzigen Strich markiert werden. Besonders
bezeichnend und im Vergleich zu üblichen Farbstiften sehr eindrucksvoll sind der
satte Farbanstrich und die hohe Deckfähigkeit. Auch die Lauffähigkeit ist dank der
öligen Konsistenz des Farbmaterials der Mine angenehm geschmeidig.

Fazit: Der handliche Stift hat angenehme Deck- und Leuchteigenschaften und
drückt nicht durch. Mit Woody markierst du mit einem Strich Vorder- und Rück-
seiten problemlos. Er ist durch geringen Minenabrieb lange verwendbar und passt
mit 11 cm Länge/Kürze in jede Schreibmappe.

Leider wird ein extra Anspitzer für ca. 3,50 EUR benötigt. Bisweilen erscheinen die
Buchstaben durch die Übermalung mit dem Stift minimal „ausgeblichen". Schließ-
lich finden wir den ganzen Stift vielleicht etwas kurz geraten, was sich besonders
nach mehrmaligem Spitzen bemerkbar macht. Aber die meisten Fasertextmarker
sind auch nicht länger.

STABILO GREENlighter
Herstellerangaben:
*„Ergonomischer Dreikant Leuchtmarker mit Mattlackierung. Zu 100 Prozent aus
streng kontrolliertem FSC-zertifiziertem Holz. Gleitet leicht über die verschiedens-
ten Papiere und ermöglicht schnelles Markieren. An Farben sind leuchtendes Gelb,
Grün oder Pink erhältlich. Die Mine hat 5 mm Durchmesser und eignet sich für
handelsübliche Jumbospitzer."*
Grundsätzlich gilt das oben zum STABILO Woody Gesagte. Aber der Stift ist insge-
samt filigraner. Dadurch meint man, der von vorn herein schon recht kurz gera-
tende Stift läge etwas unsicher in der Hand. Ein Manko, das durch die Dreikant-
struktur aufgefangen wird. Überzeugt hat uns die Umweltkomponente.
Farbwahl?

Wir haben die Frage der Farbwahl diskutiert und sind zu keinem eindeutigen Ergebnis gekommen. Einigen erscheint es sinnvoll, einem Themengebiet eine Farbe zuzuordnen, etwa Gelb für Ertragssteuerrecht, Grün für Erbschaftssteuerrecht und Bewertung. Problematisch wird dies bei Textpassagen, die von mehreren Bereichen gemeinsam abgedeckt werden.

Deshalb werden wir auch keine Empfehlung dazu aussprechen. Einfarbig, mehrfarbig, farbig nach Themengebieten (Ertragsteuerrecht, Umsatzsteuerrecht), farbig nach Gesetz/Richtlinienart. Jeder hat da seine eigenen Präferenzen. Letztlich fanden wir die Ergebnisse, die die Verwendung einer einzigen Farbe hinterlässt, am übersichtlichsten.

Benutzt zum Markieren ein Lineal. Das Ergebnis sieht nicht nur besser aus, du gehst damit auch sicher, dass du nicht in eine falsche Zeile rutscht.
Um ordentliche Unterstreichungen zu erzeugen, verwenden wir mittlerweile ausschließlich unsere Kalender-Lesezeichen. Diese gehen über die ganze Seite und passen sich dank ihrer Flexibilität hervorragend der Seitenbiegung der Loseblattwerke an. Du bekommst die Lesezeichen im Buchhandel, online oder bei uns.

Quellen der Gesetzes-, Richtlinien-, Erlass- und Hinweistexte:
http://www.steuerlinks.de
http://www.juris.de
C.H.Beck'sche Textsammlungen, Verlag C. H. Beck, München
Stand: März 2020

Bürgerliches Gesetzbuch (BGB)

§ 126 Abs. 1 BGB	Schriftform	… schriftliche Form …
§ 138 Abs. 1 BGB	Sittenwidriges Rechtsgeschäft; Wucher	… guten Sitten verstößt …
§ 199 Abs. 3a BGB	Beginn der regelmäßigen Verjährungsfrist und Verjährungshöchstfristen	Ansprüche … Kenntnis einer Verfügung von Todes wegen voraussetzt, verjähren ohne Rücksicht auf die Kenntnis …
§ 1371 Abs. 1 BGB	Zugewinnausgleich im Todesfall	… Ausgleich des Zugewinns dadurch verwirklicht, dass sich der gesetzliche Erbteil des überlebenden Ehegatten um ein Viertel der Erbschaft erhöht …
§ 1371 Abs. 2 BGB	Zugewinnausgleich im Todesfall Gesetzlichen Erbteil	… Ehegatte nicht Erbe und steht ihm auch kein Vermächtnis zu, so kann er Ausgleich des Zugewinns nach den Vorschriften der §§ 1373 bis 1383, 1390 verlangen … nicht erhöhten gesetzlichen Erbteil des Ehegatten.
§ 1371 Abs. 3 BGB	Zugewinnausgleich im Todesfall Pflichtteil	… Ehegatte die Erbschaft aus, so kann er neben dem Ausgleich des Zugewinns den Pflichtteil auch dann verlangen,

		wenn dieser ihm nach den erbrechtlichen Bestimmungen nicht zustünde; dies gilt nicht, wenn er durch Vertrag ... verzichtet hat.
§ 1378 Abs. 1 BGB	Ausgleichsforderung	... Hälfte des Überschusses dem anderen Ehegatten als Ausgleichsforderung zu.
§ 1922 Abs. 1 BGB	Gesamtrechtsnachfolge	Mit dem Tod einer Person ... als Ganzes auf eine oder mehrere andere Personen (Erben) über.
§ 1923 Abs. 1 BGB	Erbfähigkeit lebt	... wer zur Zeit des Erbfalls lebt.
§ 1923 Abs. 2 BGB	Erbfähigkeit gezeugt	... bereits gezeugt war, gilt als vor dem Erbfall geboren.
§ 1924 Abs. 1 BGB	Gesetzliche Erben erster Ordnung	... ersten Ordnung sind die Abkömmlinge des Erblassers.
§ 1924 Abs. 3 BGB	Gesetzliche Erben erster Ordnung Stämme	... (Erbfolge nach Stämmen).
§ 1924 Abs. 4 BGB	Gesetzliche Erben erster Ordnung Kinder	Kinder erben zu gleichen Teilen.
§ 1925 Abs. 1 BGB	Gesetzliche Erben zweiter Ordnung Abkömmlinge	... die Eltern des Erblassers und deren Abkömmlinge.

§	Thema	Text
§ 1926 Abs. 1 BGB	Gesetzliche Erben dritter Ordnung Großeltern	… sind die Großeltern des Erblassers und deren Abkömmlinge.
§ 1930 BGB	Rangfolge der Ordnungen Verwandte	… Verwandter ist nicht zur Erbfolge berufen … vorhergehenden Ordnung vorhanden ist.
§ 1931 Abs. 1 BGB	Gesetzliches Erbrecht des Ehegatten 1. Ordnung	… Verwandten der ersten Ordnung zu einem Viertel, neben Verwandten der zweiten Ordnung oder neben Großeltern zur Hälfte der Erbschaft als gesetzlicher Erbe berufen.
§ 1931 Abs. 2 BGB	Gesetzliches Erbrecht des Ehegatten 2. Ordnung	… Verwandte der ersten oder zweiten Ordnung noch Großeltern vorhanden, so erhält der überlebende Ehegatte die ganze Erbschaft.
§ 1931 Abs. 3 BGB	Gesetzliches Erbrecht des Ehegatten	… Vorschrift des § 1371 bleibt unberührt.
§ 1939 BGB	Vermächtnis	… kann durch Testament einem anderen, ohne ihn als Erben einzusetzen, einen Vermögensvorteil zuwenden (Vermächtnis).
§ 1942 Abs. 1 BGB	Anfall und Ausschlagung der Erbschaft	… berufenen Erben unbeschadet des Rechts über, sie auszuschlagen …
§ 1953 Abs. 1 BGB	Wirkung der Ausschlagung	… Anfall an den Ausschlagenden als nicht erfolgt.
§ 1967 Abs. 1	Erbenhaftung,	Der Erbe haftet für die Nachlassverbind-

BGB	Nachlassverbind-lichkeiten	lichkeiten.
§ 2032 Abs. 1 BGB	Erbengemeinschaft	… gemeinschaftliches Vermögen …
§ 2033 Abs. 1 BGB	Verfügungsrecht des Miterben	… Anteil an dem Nachlass verfügen.
§ 2042 Abs. 1 BGB	Auseinander-setzung	… jederzeit die Auseinandersetzung verlangen …
§ 2044 Abs. 2 BGB	Ausschluss der Auseinander-setzung	… 30 Jahre …
§ 2048 BGB	Teilungsanordnun-gen des Erblassers	… letztwillige Verfügung Anordnungen für die Auseinandersetzung treffen.
§ 2064 BGB	Persönliche Errich-tung	… Testament …
§ 2100 BGB	Nacherbe	… einen Erben …
§ 2147 BGB	Beschwerter	… kann … beschwert werden.
§ 2150 BGB	Vorausvermächtnis	Das einem Erben zugewendete Ver-mächtnis (Vorausvermächtnis) gilt als Vermächtnis auch insoweit, als der Erbe selbst beschwert ist.
§ 2269 Abs. 1 BGB	Gegenseitige Ein-setzung	… gemeinschaftlichen Testament … gegenseitig als Erben einsetzen …

§ 2274 BGB	Persönlicher Abschluss	... Erbvertrag nur persönlich schließen.
§ 2303 Abs. 1 BGB	Pflichtteilsberechtigte; Höhe des Pflichtteils	... Abkömmling des Erblassers ... Erben den Pflichtteil verlangen. ... Hälfte des Wertes ...
§ 2303 Abs. 2 BGB		... Eltern und dem Ehegatten ... Todes wegen von der Erbfolge ausgeschlossen sind. Die Vorschrift des § 1371 bleibt unberührt.
§ 2305 BGB	Zusatzpflichtteil	... geringer ist als die Hälfte des gesetzlichen Erbteils ...
§ 2311 Abs. 1 BGB	Wert des Nachlasses	....überlebenden Ehegatten gebührende Voraus außer Ansatz.
§ 2325 Abs. 1 BGB	Pflichtteilsergänzungsanspruch bei Schenkungen	... Ergänzung des Pflichtteils den Betrag verlangen, um den sich der Pflichtteil erhöht, wenn der verschenkte Gegenstand dem Nachlass hinzugerechnet wird.
§ 2353 BGB	Zuständigkeit des Nachlassgerichts, Antrag	... Antrag ein Zeugnis ...

Erbschaftsteuergesetz (ErbStG)

§ 1 Abs. 1 ErbStG	Steuerpflichtige Vorgänge	Nr. 1. ... Erwerb von Todes wegen;
§ 2 Abs. 1 ErbStG	Persönliche Steuerpflicht	... Steuerpflicht ...
§ 2 Abs. 1 ErbStG	Persönliche Steuerpflicht Schenker	Nr. 1. ... der Schenker zur Zeit der Ausführung der Schenkung oder der Erwerber zur Zeit der Entstehung der Steuer ... Als Inländer gelten
§ 2 Abs. 1 ErbStG	Persönliche Steuerpflicht Wohnsitz	a) ... im Inland einen Wohnsitz oder ihren gewöhnlichen Aufenthalt haben, > §§ 8, 9 AO
§ 2 Abs. 1 ErbStG	Persönliche Steuerpflicht Inlandsvermögen	Nr. 3. ... Inlandsvermögen ...
§ 2 Abs. 2 ErbStG	Persönliche Steuerpflicht Festlandsockel	... Inland ... gehört auch der der Bundesrepublik Deutschland zustehende Anteil am Festlandsockel, soweit dort Naturschätze des Meeresgrundes und des Meeresuntergrundes erforscht oder ausgebeutet werden.
§ 3 Abs. 1 ErbStG	Erwerb von Todes wegen	Als Erwerb von Todes wegen gilt

§ 3 Abs. 1 ErbStG	Erbanfall	Nr. 1. ... Erbanfall (§1922 des Bürgerlichen Gesetzbuchs), durch Vermächtnis (§§ 2147 ff. des Bürgerlichen Gesetzbuchs) oder auf Grund eines geltend gemachten Pflichtteilsanspruchs (§ 2303 ff. des Bürgerlichen Gesetzbuchs); *> §§ 1922, 2147ff.BGB* *> §2303 ff. BGB*
§ 3 Abs. 1 ErbStG	Schenkung	Nr. 2. ... Schenkung ...
§ 3 Abs. 1 ErbStG	Vermögensvorteil	Nr. 4. ... Vermögensvorteil ... Erblasser geschlossenen Vertrags ... unmittelbar erworben wird.
§ 3 Abs. 2 ErbStG	Erwerb von Todes wegen Abfindung	Nr. 4. ... Abfindung ...
§ 3 Abs. 2 ErbStG	Erwerb von Todes wegen Anwartschaft	Nr. 6. ...Übertragung der Anwartschaft ...
§ 3 Abs. 2 ErbStG	Erwerb von Todes wegen Vertragserbe	Nr. 7. ... Vertragserbe ...
§ 5 Abs. 1 ErbStG	Zugewinngemeinschaft	... ... Endvermögen ... höheren Wert als dem nach den steuerlichen Bewertungsgrundsätzen maßgebenden Wert

		angesetzt worden ist, gilt höchstens der dem Steuerwert ... entsprechende Betrag nicht als Erwerb im Sinne des § 3.
§ 5 Abs. 2 ErbStG	Zugewinngemeinschaft Ausgleichsforderung	... Zugewinngemeinschaft ... Tod eines Ehegatten oder eines Lebenspartners ... nach § 1371 Abs. 2 des Bürgerlichen Gesetzbuchs ausgeglichen, gehört die Ausgleichsforderung (§ 1378 des Bürgerlichen Gesetzbuchs) nicht zum Erwerb im Sinne der §§ 3 und 7.
§ 6 Abs. 1 ErbStG	Vor- und Nacherbschaft Vorerbe	... Vorerbe gilt als Erbe.
§ 6 Abs. 2 ErbStG	Vor- und Nacherbschaft Nacherben	... vom Vorerben stammend zu versteuern. Auf Antrag ist der Versteuerung das Verhältnis des Nacherben zum Erblasser zugrunde zu legen. ... eigenes Vermögen... ... soweit der Freibetrag für das ... Vermögen nicht verbraucht ist. ... Steuer ist für jeden Erwerb jeweils nach dem Steuersatz zu erheben, der für den gesamten Erwerb gelten würde.
§ 7 Abs.1 ErbStG	Schenkungen unter Lebenden	... Schenkungen unter Lebenden gelten
§ 8 ErbStG	Zweckzuwendungen	... Auflage verbunden sind ...

§ 9 Abs. 1 ErbStG	Entstehung der Steuer Tode	Nr. 1. bei Erwerben von Todes ... Tode des Erblassers ...
§ 9 Abs. 1 ErbStG	Entstehung der Steuer Lebenden	Nr. 2. bei Schenkung unter Lebenden mit dem Zeitpunkt der Ausführung der Zuwendung;
§ 10 Abs. 1 ErbStG	Steuerpflichtiger Erwerb Bereicherung	Als steuerpflichtiger Erwerb gilt die Bereicherung des Erwerbers ...
§ 10 Abs. 1 ErbStG	Steuerpflichtiger Erwerb Steuererstattung	... [2.]... § 3 gilt ... als Bereicherung der Betrag, der sich ergibt, wenn von dem nach § 12 zu ermittelnden Wert des gesamten Vermögensanfalls, soweit er der Besteuerung nach diesem Gesetz unterliegt ... Steuererstattungsansprüche ... sind zu berücksichtigen ... ... unmittelbare oder mittelbare ... Beteiligung an einer Personengesellschaft oder einer anderen Gesamthandsgemeinschaft ... die dabei übergehenden Schulden und Lasten ... sind ... wie eine Gegenleistung zu behandeln. ... Der steuerpflichtige Erwerb wird auf volle 100 Euro nach unten abgerundet.

§ 10 Abs. 2 ErbStG	Steuerpflichtiger Erwerb Steuer	… hat der Schenker die Entrichtung der vom Beschenkten geschuldeten Steuer selbst übernommen … gilt als Erwerb der Betrag … mit der aus ihm errechneten Steuer ergibt.
§ 10 Abs. 5 ErbStG	Steuerpflichtiger Erwerb Schulden	Nr. 1. … herrührenden Schulden, soweit sie nicht mit einem zum Erwerb gehörenden Gewerbebetrieb …
§ 10 Abs. 5 ErbStG	Steuerpflichtiger Erwerb Vermächtnissen	Nr. 2. … Vermächtnissen, Auflagen … Erbersatzansprüchen; > § 1939 BGB
§ 10 Abs. 5 ErbStG	Steuerpflichtiger Erwerb Bestattung	Nr. 3. … Bestattung des Erblassers … Kapitalwert für eine unbestimmte Dauer … … insgesamt ein Betrag 10.300 Euro ohne Nachweis … … Verwaltung des Nachlasses sind nicht abzugsfähig.
§ 10 Abs. 6 ErbStG	Steuerpflichtiger Erwerb Schulden	Nicht abzugsfähig sind Schulden und Lasten, soweit sie in wirtschaftlichem Zusammenhang mit Vermögensgegenständen stehen … … … § 13 a und § 13 c … Zusammenhang … Verhältnis des nach Anwendung des § 13 a und § 13 c anzusetzenden Werts dieses …

		§ 13 a und § 13 c entspricht. Schulden und Lasten, die mit nach § 13 d befreitem Vermögen in wirtschaftlichem Zusammenhang stehen, sind nur mit dem Betrag abzugsfähig, der dem Verhältnis des nach Anwendung des § 13 d anzusetzenden Werts ... entspricht.
§ 11 ErbStG	Bewertungsstichtag	... Wertermittlung ... bestimmt ist ... Entstehung der Steuer ...
§ 12 Abs. 1 ErbStG	Bewertung Bewertungsgesetz	... Vorschriften des Ersten Teils des Bewertungsgesetzes ...
§ 12 Abs. 2 ErbStG	Bewertung Kapitalgesellschaften	Anteile an Kapitalgesellschaften ... Wert nach § 151 Abs. 1 Satz 1 Nr. 3 des Bewertungsgesetzes ... > *§ 151 BewG*
§ 12 Abs. 3 ErbStG	Bewertung Grundbesitz	... Grundbesitz ...§ 151 Abs. 1 Satz 1 Nr. 1 des Bewertungsgesetzes > *§ 151 BewG*
§ 12 Abs. 4 ErbStG	Bewertung Bodenschätze	Bodenschätze ...
§ 12 Abs. 5 ErbStG	Bewertung Betriebsvermögen	Inländisches Betriebsvermögen ...
§ 12 Abs. 6 ErbStG	Bewertung Wirtschaftsgütern	... Wirtschaftsgütern und Schulden ...

§ 12 Abs. 7 ErbStG	Bewertung Ausländischer Grundbesitz	Ausländischer Grundbesitz ...
§ 13 Abs. 1 ErbStG	Steuerbefreiungen Hausrat	... Nr. 1. a) Hausrat ... Steuerklasse I ... insgesamt 41.000 Euro ...
§ 13 Abs. 1 ErbStG	Steuerbefreiungen Gegenstände	Nr. 1. b) ... bewegliche körperliche Gegenstände ... Personen der Steuerklasse I ... 12.000 Euro ...
§ 13 Abs. 1 ErbStG	Steuerbefreiungen Hausrat	Nr. 1. c) Hausrat ... Steuerklassen II und III ... insgesamt 12.000 Euro ...
§ 13 Abs. 1 ErbStG	Steuerbefreiungen Ausnahme	Die Befreiung gilt nicht für Gegenstände, die zum land- und forstwirtschaftlichen Vermögen, zum Grundvermögen oder zum Betriebsvermögen gehören, für Zahlungsmittel, Wertpapiere, Münzen, Edelmetalle, Edelsteine und Perlen;
§ 13 Abs. 1 ErbStG	Steuerbefreiungen Grundbesitz	Nr. 2. Grundbesitz ... Kunstgegenstände, Kunstsammlungen, wissenschaftliche Sammlungen, Bibliotheken und Archive
§ 13 Abs. 1 ErbStG	Steuerbefreiungen Volkswohl	Nr. 3. Grundbesitz ... der für Zwecke der Volkswohlfahrt der Allgemeinheit ... zugänglich gemacht ist ...

§ 13 Abs. 1 ErbStG	*Steuerbefreiungen* Wohnung zu eigenen Wohnzwecken	Nr. 4 a. ... unter Lebenden ... Ehegatte ... Europäischen Union oder einem Staat des Europäischen Wirtschaftsraums ... eine Wohnung zu eigenen Wohnzwecken ...
§ 13 Abs. 1 ErbStG	*Steuerbefreiungen* Selbstnutzung	Nr. 4 b. ... Erwerb von Todes wegen des Eigentums oder Miteigentums an einem im Inland oder in einem Mitgliedstaat ... überlebenden Ehegatten ... genutzt hat ... zwingenden Gründen ... eigenen Wohnzwecken gehindert war und die beim Erwerber ... Selbstnutzung ... (Familienheim).
§ 13 Abs. 1 ErbStG	*Steuerbefreiungen* Wegfall	... fällt mit Wirkung für die Vergangenheit weg ... innerhalb von zehn Jahren nach dem Erwerb ... selbst nutzt ...
§ 13 Abs. 1 ErbStG	*Steuerbefreiungen* Wohnung bis 200 qm	Nr. 4 c. ... Erwerb von Todes wegen ... Eigentums oder Miteigentums ... § 181 Abs. 1 Nr. 1 bis 5 des Bewertungsgesetzes durch Kinder im Sinne der Steuerklasse I Nr. 2 und der Kinder verstorbener Kinder im Sinne der Steuerklasse I Nr. 2 ... eigenen Wohnzwecken genutzt hat ... unverzüglich zur Selbstnutzung ... Wohnung 200 qm ... ... fällt mit Wirkung für die Vergangenheit weg ... innerhalb von zehn Jahren ...

§ 13 Abs. 1 ErbStG	Steuerbefreiungen Unterhalt	Nr. 5. ... angemessenen Unterhalts ...
§ 13 Abs. 1 ErbStG	Steuerbefreiungen Eltern	Nr. 6. ... Eltern, Adoptiveltern, Stiefeltern oder Großeltern des Erblassers ...
§ 13 Abs. 1 ErbStG	Steuerbefreiungen Folgende Gesetze	Nr. 7. ... folgenden Gesetzen ...
§ 13 Abs. 1 ErbStG	Steuerbefreiungen Angemessenes Entgelt	Nr. 9. ... steuerpflichtiger Erwerb bis zu 20.000 Euro ... Pflege oder Unterhalt gewährt ... angemessenes Entgelt anzusehen ist;
§ 13 Abs. 1 ErbStG	Steuerbefreiungen Angemessenes Entgelt	Nr. 10. Vermögensgegenstände, die Eltern oder Voreltern ... Übergabevertrag ... Todes wegen zurückfallen;
§ 13 Abs. 1 ErbStG	Steuerbefreiungen Gelegenheitsgeschenke	Nr. 14. ... Gelegenheitsgeschenke;
§ 13 Abs. 1 ErbStG	Steuerbefreiungen Religionsgesellschaften	Nr. 16. ... a) ... Religionsgesellschaften ...
§ 13 Abs. 1 ErbStG	Steuerbefreiungen Stiftungsgeschäft	Nr. 16. b) ... der Satzung, dem Stiftungsgeschäft ...

13 Abs. 1 ErbStG	Steuerbefreiungen kirchlich	Nr. 17. ... ausschließlich kirchlichen, gemein- nützigen oder mildtätigen Zwecken gewidmet sind ...
§ 13 Abs. 1 ErbStG	Steuerbefreiungen Politische Parteien	Nr. 18. ... a) politische Parteien ...
§ 13 a Abs. 1 ErbStG	Steuerbefreiung für Betriebsvermögen, Betriebe der Land- und Forstwirtschaft und Anteile an Kapitalgesellschaften Verschonungsabschlag	... (Verschonungsabschlag) ... 26 Millionen nicht übersteigt. ... [3.]... 26 Millionen Euro ... Wirkung für die Vergangenheit.
§ 13 a Abs. 2 ErbStG	Steuerbefreiung für Betriebsvermögen, Betriebe der Land- und Forstwirtschaft und Anteile an Kapitalgesellschaften Abzugsbetrag	... Vermögens insgesamt 150.000 Euro nicht übersteigt (Abzugsbetrag). ... der Wert dieses Vermögens insgesamt ... 150.000 Euro übersteigt, um 50 Prozent des diese Wertgrenze übersteigenden Betrags.
§ 13 a Abs. 3 ErbStG	Steuerbefreiung für Betriebsvermögen, Betriebe der Land- und Forstwirtschaft und Anteile an Kapitalgesellschaften Lohnsummenfrist	... Verschonungsabschlag nach Absatz 1 ist. dass die Summer der maßgebenden jährlichen Lohnsummen (Sätze 6 bis 13) ... innerhalb von fünf Jahren nach dem Erwerb (Lohnsummenfrist) insgesamt 400 Prozent der Ausgangslohnsummer nicht überschreitet (Mindestlohnsum-

		me). Satz 1 ist nicht anzuwenden, wenn 1. Ausgangslohnsumme 0 beträgt 2. Nicht mehr als fünf Beschäftigte An die Stelle der Mindestlohnsumme von 400 Prozent tritt bei 1. mehr als fünf, aber nicht mehr als zehn Beschäftigten eine Mindestlohnsumme von 250 Prozent 2. mehr als zehn, aber nicht mehr als 15 Beschäftigten ... 300 Prozent ... 7. ... Nr. 1. ... Mutterschutz Nr. 2. ... Ausbildungsverhältnis Nr. 3. ... Krankengeld Nr. 4. ... Elterngeld Nr. 5. ... (Saisonarbeiter)
§ 13 a Abs. 5 ErbStG	Steuerbefreiung für Betriebsvermögen, Betriebe der Land- und Forstwirtschaft und Anteile an Kapitalgesellschaften Begünstigtes Vermögen	... Verschonungsabschlag (Absatz 1) und der Abzugsbetrag (Absatz 2) ... nicht in Anspruch nehmen, ... begünstigtes Vermögen

§ 13 a Abs. 6 ErbStG	Steuerbefreiung für Betriebsvermögen, Betriebe der Land- und Forstwirtschaft und Anteile an Kapitalgesellschaften Aufgabe	Nr. 1. ... Gewerbebetrieb ... § 15 Abs. 1 Satz 1 Nr. 2 und Abs. 3 oder § 18 Abs. 4 des Einkommensteuergesetzes ... Veräußerung gilt auch die Aufgabe ...
§ 13 a Abs. 6 ErbStG	Steuerbefreiung für Betriebsvermögen, Betriebe der Land- und Forstwirtschaft und Anteile an Kapitalgesellschaften Fünfjahresfrist	Nr. 3. ... Fünfjahresfrist ... um mehr als 150.000 Euro übersteigen ...
§ 13 a Abs. 6 ErbStG	Steuerbefreiung für Betriebsvermögen, Betriebe der Land- und Forstwirtschaft und Anteile an Kapitalgesellschaften	Nr. 4. Anteile an Kapitalgesellschaften ... veräußert; eine verdeckte Einlage ...
§ 13 a Abs. 6 ErbStG	Steuerbefreiung für Betriebsvermögen Sechs Monate	... Wegfall des Verschonungsabschlags ... Zeitpunkt der schädlichen Verfügung verbleibenden Behaltensfrist einschließlich des Jahres, in dem die Verfügung erfolgt, zur gesamten Behaltensfrist ... ist von einer rückwirkenden Besteuerung abzusehen, wenn der Veräußerungserlös innerhalb der nach § 13 b Abs. 1 begünstigten Vermögensart verbleibt.

		... sechs Monaten ...
§ 13 a Abs. 8 ErbStG	Steuerbefreiung für Betriebsvermögen nachzuweisen	... nachzuweisen ... besteht
§ 13 a Abs. 9 ErbStG	Steuerbefreiung für Betriebsvermögen Grenzen	... Gesellschaftsvertrag oder Satzung... Nr. 1. ... höchstens 37,5 Prozent Nr. 2. ... Verfügung ... beschränken Nr. 3. ... Abfindung vorsehen
§ 13 a Abs. 10 ErbStG	Steuerbefreiung für Betriebsvermögen Voraussetzungen	... gewährt wird 1. ... Verschonungsabschlag von 85 Prozent ... 100 Prozent 2. ... Lohnsummenfrist von fünf Jahren ... sieben Jahre 3. ... Mindestlohnsummer von 400 Prozent ... 700 Prozent 4. ... Mindestlohnsumme von 250 Prozent ... 500 Prozent 5. ... Mindestlohnsumme von 300 Prozent ... 565 Prozent 6. Behaltensfrist von fünf Jahren eine Behaltensfrist von sieben Jahren
§ 13 a Abs. 11 ErbStG	Steuerbefreiung für Betriebsvermögen Voraussetzungen	... gelten in den Fällen des § 1 Abs. 1 Nummer 4 entsprechend.
§ 13 b Abs. 1 ErbStG	Begünstigtes Vermögen Kapital-	... gehören 1. ... land- und Forstwirtschaft 2. ... ganzen Gewerbebetrieb

	gesellschaften	... Kapitalgesellschaft
§ 13 b Abs. 2 ErbStG	Begünstigtes Vermögen 90 Prozent	... [2]... mindestens 90 Prozent
§ 13 b Abs. 3 ErbStG	Begünstigtes Vermögen Altersversorgung	... Altersversorgungsverpflichtungen
§ 13 b Abs. 4 ErbStG	Begünstigtes Vermögen Verwaltungs- vermögen	Zum Verwaltungsvermögen gehören 1. ... Grundstücke, Grundstücksteile, grundstücksgleiche Rechte und Bauten. ... nicht anzunehmen, wenn a) ... einheitlich geschäftlichen Betätigungswillen b) ... Verpachtung eines ganzen Betriebes aa) ... Erben bb) ... Beschenkte 2. ... Kapitalgesellschaften ... unmittelbare ... 25 Prozent 3. Kunstgegenstände, Kunstsammlungen, wissenschaftliche Sammlungen ... Münzen, Edelmetalle ... Handel mit diesen Gegenständen oder deren Herstellung oder Verarbeitung ... nicht der Hauptzweck des Betriebs ist
§ 13 b Abs. 4	Begünstigtes	Nr. 4. Wertpapiere sowie vergleichbare

ErbStG	Vermögen Wertpapiere	Forderungen
§ 13 b Abs. 4 ErbStG	Begünstigtes Vermögen Finanzmittel	Nr. 5. ... (Finanzmittel)
§ 13 b Abs. 5 ErbStG	Begünstigtes Vermögen Zurechnung	...Todes ... Zurechnung von Vermögens-gegenständen
§ 13 b Abs. 5 ErbStG	Begünstigtes Vermögen Zurechnung	...Todes ... Zurechnung von Vermögens-gegenständen
§ 13 b Abs. 6 ErbStG	Begünstigtes Vermögen Kürzung	Durch Kürzung des gemeinen Werts...
§ 13 b Abs. 7 ErbStG	Begünstigtes Vermögen 10 Prozent	... 10 Prozent
§ 13 b Abs. 8 ErbStG	Begünstigtes Vermögen Jungen Verwal-tungsvermögens	... [3]... jungen Verwaltungsvermögens und der jungen Finanzmittel
§ 13 c Abs. 1 ErbStG	Verschonungsab-schlag bei Großer-werben von be-günstigtem Vermögen	... 26 Millionen Euro, verringert ... 1 Prozentpunkt für jede vollen 750 000 Euro

	26 Mio.	
§ 13 c Abs. 2 ErbStG	Verschonungsabschlag bei Großerwerben von begünstigtem Vermögen denselben Erwerb	... [6]...ist unwiderruflich und schließt einen Antrag nach § 28 a Absatz 1 für denselben Erwerb aus. ...
§ 13 d Abs. 1 ErbStG	Steuerbefreiung für zu Wohnzwecken vermietete Grundstücke 90 Prozent	... 90 Prozent ihres Werts anzusetzen
§ 13 d Abs. 2 ErbStG	Steuerbefreiung für zu Wohnzwecken vermietete Grundstücke Dritten	... auf einen Dritten übertragen wurde.
§ 13 d Abs. 3 ErbStG	Steuerbefreiung für zu Wohnzwecken vermietete Grundstücke verminderte	Der verminderte Wertansatz... 1. ... Wohnzwecken 2. ... belegen sind 3. ... § 13 a.
§ 14 Abs. 1 ErbStG	Berücksichtigung früherer Erwerbe Zehn Jahre	Mehrere ... zehn Jahren ... letzten Erwerb die früheren Erwerbe nach ihrem früheren Wert zugerechnet werden.
§ 14 Abs. 1 ErbStG	Berücksichtigung früherer Erwerbe	... der geltenden Vorschriften zur Zeit des letzten Erwerbs zu erheben gewe-

	Steuer	sen wäre. ... Die Steuer, die sich für den letzten Erwerb ohne Zusammenrechnung mit früheren Erwerben ergibt, darf durch den Abzug der Steuer nach Satz 2 oder Satz 3 nicht unterschritten werden.
§ 14 Abs. 3 ErbStG	*Berücksichtigung früherer Erwerbe* 50 Prozent	... weiteren Erwerb veranlasste ... nicht mehr betragen als 50 Prozent ...
§ 15 Abs. 1 ErbStG	Steuerklassen	... Steuerklasse I ... Steuerklasse II ... Steuerklasse III ...
§ 15 Abs. 3 ErbStG	Steuerklassen Schlusserben	... § 2269 des Bürgerlichen Gesetzbuchs ... Versteuerung das Verhältnis des Schlusserben oder ... verstorbenen Ehegatten ... zugrunde zu legen ... vorhanden ist. § 6 Abs. 2 Satz 3 bis 5 gilt entsprechend.
§ 16 Abs.1 ErbStG	Freibeträge Ehegatten und Lebenspartners	Nr. 1. ... Ehegatten und ... Lebenspartners ... 500.000 Euro;
§ 16 Abs.1 ErbStG	Freibeträge Kinder	Nr. 2. ... Kinder ... der Steuerklasse I Nr. 2 ... 400.000 Euro;

§ 16 Abs.1 ErbStG	Freibeträge Kinder der Kinder	Nr. 3. ... Kinder der Kinder im Sinne der Steuerklasse I Nr. 2 ... 200.000 Euro;
§ 16 Abs.1 ErbStG	Freibeträge Übrige Personen	Nr. 4. ... übrigen Personen der Steuerklasse I ... 100.000 Euro;
§ 16 Abs.1 ErbStG	Freibeträge Steuerklasse II	Nr. 5. ... Personen der Steuerklasse II ... 20.000 Euro;
§ 16 Abs.1 ErbStG	Freibeträge Steuerklasse III	Nr. 7. ... der übrigen Personen der Steuerklasse III in Höhe von 20.000 Euro.
§ 17 Abs. 1 ErbStG	*Besondere Freibeträge* *online: Besonderer Versorgungsfreibetrag* Versorgungsfreibetrag	... überlebenden Ehegatten ... Versorgungsfreibetrag von 256.000 Euro ... ... nach § 14 des Bewertungsgesetzes ...
§ 19 Abs. 2 ErbStG	*Steuersätze* Ganzen Erwerb	... zu erheben, der für den ganzen Erwerb gelten würde.
§ 19 Abs. 3 ErbStG	*Steuersätze* Letztvorhergehende Wertgrenze	... Absatzes 1 ergibt ... letztvorhergehende Wertgrenze ... *> H 38 AEErbSt*

§ 19 Abs. 3 ErbStG	*Steuersätze* bis 30 Prozent	a) ... bis zu 30 Prozent ...
§ 19 Abs. 3 ErbStG	*Steuersätze* über 30 Prozent	b) ... über 30 Prozent ...
§ 19 a Abs. 1 ErbStG	Tarifbegrenzung beim Erwerb von Betriebsvermögen, von Betrieben der Land- und Forstwirtschaft und von Anteilen an Kapitalgesellschaften	... einer natürlichen Person der Steuerklasse II oder III Betriebsvermögen, land- und forstwirtschaftliches Vermögen oder Anteile an Kapitalgesellschaften im Sinne des Absatzes 2 enthalten ... Entlastungsbetrag nach Absatz 4 abzuziehen.
§ 19 a Abs. 2 ErbStG	Entlastungsbetrag	... Entlastungsbetrag gilt für den nicht unter § 13 a Abs. 1 ... fallenden Teil des Vermögens im Sinne des § 13 b Abs. 2.
§ 19 a Abs. 3 ErbStG	abzugsfähigen Schulden	... nach dem Verhältnis des Werts dieses Vermögens nach Anwendung des § 13 a oder § 13 c und nach Abzug der mit diesem Vermögen in wirtschaftlichem Zusammenhang stehenden abzugsfähigen Schulden und Lasten ...
§ 19 a Abs. 4 ErbStG	Unterschiedsbetrag	... der tatsächlichen Steuerklasse des Erwerbers zu berechnen ... Maßgabe des Absatzes 3 aufzuteilen. ... Steuerklasse I zu berechnen und nach Maßgabe des Absatzes 3 aufzuteilen. ... als Unterschiedsbetrag ... im Sinne des Absatzes 2 entfallenden Steuer

		nach den Sätzen 1 und 2.
§ 20 Abs. 1 ErbStG	Steuerschuldner	Steuerschuldner ist der Erwerber ...
§ 21 Abs. 1	Anrechnung ausländischer Erbschaftsteuer	... deutschen Erbschaftsteuer ... anzurechnen ... Erbschaftsteuer unterliegt. ... darauf entfallende Teilbetrag ... in der Weise zu ermitteln, dass die für das steuerpflichtige Gesamtvermögen einschließlich des steuerpflichtigen Auslandsvermögens sich ergebende Erbschaftsteuer im Verhältnis des steuerpflichtigen Auslandsvermögens zum steuerpflichtigen Gesamtvermögen aufgeteilt wird.
§ 22 ErbStG	Kleinbetragsgrenze	... 50 Euro ...
§ 23 Abs. 1 ErbStG	Besteuerung von Renten, Nutzungen und Leistungen Kapitalwert	... Renten oder anderen wiederkehrenden Nutzungen oder Leistungen zu entrichten sind, können nach Wahl des Erwerbers statt vom Kapitalwert jährlich im Voraus von dem Jahreswert entrichtet werden. ... Fall nach dem Steuersatz erhobenen, der sich nach § 19 für den gesamten Erwerb einschließlich des Kapitalwerts der Renten oder anderen wiederkehrenden Nutzungen oder Leistungen ergibt.
§ 23 Abs. 2 ErbStG	Besteuerung von Renten, Nutzungen	... nächsten Fälligkeitstermin mit ihrem Kapitalwert abzulösen.

	und Leistungen Fälligkeitstermin	
§ 27 Abs. 1 ErbStG	Mehrfacher Erwerb desselben Vermögens Steuerklasse I	... Steuerklasse I ... zehn Jahren ...
§ 27 Abs. 2 ErbStG	Mehrfacher Erwerb desselben Vermögens Gesamterwerb	... begünstigte Vermögen ... Steuer für den Gesamterwerb ...
§ 27 Abs. 3 ErbStG	Mehrfacher Erwerb desselben Vermögens Betrag	... darf den Betrag nicht überschreiten ... desselben Vermögens ...

Bewertungsgesetz (BewG)

§ 2 Abs. 1 BewG	Wirtschaftliche Einheit	³... einzelnen Wirtschaftsgüter ...
§ 2 Abs. 3 BewG	Wirtschaftliche Einheit Nicht einzelnen Wirtschaftsgüter	... nicht ... der einzelnen Wirtschaftsgüter ...
§ 9 Abs. 1 BewG	Bewertungsgrundsatz, gemeiner Wert	... gemeine Wert ...
§ 9 Abs. 2 BewG	Bewertungsgrundsatz, gemeiner Wert Verhältnisse	... Ungewöhnliche oder persönliche Verhältnisse sind nicht zu berücksichtigen.
§ 10 BewG	Begriff des Teilwerts	... Teilwert ...
§ 11 Abs. 1 BewG	Wertpapiere und Anteile Regulierten Markt	... einer deutschen Börse zum Handel im regulierten Markt ...
§ 11 Abs. 2 BewG	Wertpapiere und Anteile Gemeiner Wert	... gemeinen Wert anzusetzen. ... Verkäufen unter fremden Dritten ... der Ertragsaussichten ... oder ... auch im gewöhnlichen Geschäftsverkehr für nichtsteuerliche Zwecke ... zu ermitteln ... die ein Erwerber der Bemessung des Kaufpreises zu Grunde legen würde. ... (Substanzwert) ... nicht unterschritten ... Die §§ 199 bis 203 sind zu berücksichti-

		gen.
§ 12 Abs. 1 BewG	Kapitalforderungen und Schulden Nennwert	Kapitalforderungen, die nicht im § 11 bezeichnet sind, und Schulden sind mit dem Nennwert ... ...besonderen Umstände in einer hohen, niedrigen oder fehlenden Verzinsung ... Mittelwert ...
§ 12 Abs. 2 BewG	Kapitalforderungen und Schulden uneinbringlich	... uneinbringlich sind, bleiben außer Ansatz.
§ 12 Abs. 3 BewG	Kapitalforderungen und Schulden Abzinsung	... mehr als ein Jahr beträgt und die zu einem bestimmten Zeitpunkt fällig sind ... ... 5,5 Prozent ...
§ 12 Abs. 4 BewG	Kapitalforderungen und Schulden Rückkaufswert	... Rückkaufswert ...
§ 13 Abs. 1 BewG	Kapitalwert von wiederkehrenden Nutzungen und Leistungen Kapitalwert	... bestimmte Zeit beschränkt ... ... Leben einer oder mehrerer Personen bedingt ... nach § 14 zu berechnende Kapitalwert nicht überschritten werden.
§ 13 Abs. 2 BewG	Kapitalwert von wiederkehrenden Nutzungen und Leistungen	Immerwährende Nutzungen ... mit dem 18,6 fachen des Jahreswerts ... unbestimmter Dauer ... mit dem 9,3fachen ...
§ 14 Abs. 1	Lebenslängliche	... lebenslänglichen Nutzungen ...

BewG	Nutzungen und Leistungen Sterbetafel	... nach der Sterbetafel des Statistischen Bundesamtes zu ermitteln ...
14 Abs. 2 BewG	Lebenslängliche Nutzungen und Leistungen Berichtigung keines Antrags	... bei einem Alter ... Tod des Berechtigten ... Dauer der Nutzung oder Leistung ... § 5 Abs. 2 Satz 2 ... ... so bedarf die Berichtigung keines Antrags.
§ 14 Abs. 3 BewG	Lebenslängliche Nutzungen und Leistungen Höchste Vervielfältiger	... von der Lebenszeit mehrerer Personen ab ... der höchste Vervielfältiger ... zuerst Sterbenden ...niedrigste Vervielfältiger ...
§ 16 BewG	Begrenzung des Jahreswerts von Nutzungen	... Kapitalwerts der Nutzungen ... genutzte Wirtschaftsgut nach den Vorschriften des Bewertungsgesetzes anzusetzende Wert durch 18,6 geteilt wird.
§ 95 Abs. 1 BewG	Begriff des Betriebsvermögens	... umfasst alle Teile eines Gewerbebetriebs im Sinne des § 15 Abs. 1 und 2 des Einkommensteuergesetzes ...
§ 96 BewG	Freie Berufe	... § 18 Abs. 1 Nr. 1 des Einkommensteuergesetzes... staatlichen Lotterie ...
§ 97 Abs. 1 BewG	Betriebsvermögen von Körperschaften, Personenvereinigungen und Vermögensmassen	... im Inland ... Nr. 1. Kapitalgesellschaften ... Nr. 5. Gesellschaften ... Einkommensteuergesetzes.

		... Wirtschaftsgüter ... mehrerer oder aller Gesellschafter ... Betriebsvermögen der Gesellschaft gehören (§ 95) ...
§ 97 Abs. 1 a BewG	Personengesellschaft	... Personengesellschaft ... Nr. 1. ... (Gesamthandsvermögen) ...
§ 97 Abs. 1 a BewG	Kapitalkonten	a) ... Kapitalkonten aus der Gesamthandsbilanz ...
§ 97 Abs. 1 a BewG	Gewinnverteilungsschlüssel	b) ... Gewinnverteilungsschlüssel ... aufzuteilen; Vorabgewinnanteile sind nicht zu berücksichtigen.
§ 97 Abs. 1 a BewG	Betriebsvermögen von Körperschaften, Personenvereinigungen und Vermögensmassen Sonderbetriebsvermögen	Nr. 2. ... Sonderbetriebsvermögens ... ... jeweiligen Gesellschafter zuzurechnen.
§ 97 Abs. 1 a BewG		Nr. 3. ... Wert des Sonderbetriebsvermögens nach Nummer 2.
§ 97 Abs. 1 b BewG	Nennkapital	... Kapitalgesellschaft ... Nennkapital ...
§ 103 Abs. 3 BewG	Schulden und sonstige Abzüge	Rücklagen ... insoweit abzugsfähig ... Erbschaftsteuer ... ausdrücklich zugelassen ist.

§ 109 Abs. 1 BewG	Bewertung Gewerbebetrieb	... Gewerbebetrieben ... § 95 und das Betriebsvermögen von freiberuflich Tätigen im Sinne des § 96 ... gemeinen Wert anzusetzen. ... § 11 Abs. 2 entsprechend.
§ 109 Abs. 2 BewG	Bewertung Gemeiner Wert	... Für die Ermittlung des gemeinen Werts gilt § 11 Abs. 2 entsprechend.
§ 151 Abs. 1 BewG	Gesonderte Feststellungen Grundbesitzwerte	... sind Nr. 1. Grundbesitzwerte (§§ 138, 157),
§ 151 Abs. 1 BewG	Gesonderte Feststellungen Wert des Betriebsvermögens	Nr. 2. ... Wert des Betriebsvermögens ... (§§ 95, 96, 97),
§ 151 Abs. 1 BewG	Gesonderte Feststellungen Kapitalgesellschaften	Nr. 3. ... Kapitalgesellschaften ... § 11 Abs. 2,
§ 151 Abs. 1 BewG	Gesonderte Feststellungen Vermögensgenstände	Nr. 4. ... Nummern 1 bis 3 genannten Vermögensgegenständen und von Schulden, die mehreren Personen zustehen, ...
§ 151 Abs. 1 BewG	Gesonderte Feststellungen Vorschrift	... Vorschrift von Bedeutung sind.

§ 152 BewG	Örtliche Zuständig-keit	Nr. 1. ... § 151 Abs. 1 Satz 1 Nr. 1 das Finanz-amt, in dessen Bezirk das Grundstück ...
§ 157 Abs. 1 BewG	Feststellung von Grundbesitzwerten, von Anteilswerten und von Betriebs-vermögenswerten	Grundbesitzwerte ... Bewertungsstich-tag festgestellt.
§ 157 Abs. 3 BewG	Wirtschaftliche Einheit	... wirtschaftlichen Einheiten des Grund-vermögens ... Betriebsgrundstücke... §§ 159 und 176 bis 198 ...
§ 157 Abs. 5 BewG	Betriebsvermö-genswert	... Der Betriebsvermögenswert ist unter Anwendung des § 109 Abs. 1 und 2 in Verbindung mit § 11 Abs. 2 zu ermit-teln.
§ 177 BewG	Bewertung Gemeine Wert	... nach den §§ 179 und 182 bis 196 ist der gemeine Wert (§ 9) ...
§ 178 Abs. 1 BewG	Begriff der unbe-bauten Grundstücke Keine benutzbaren Gebäude	Unbebaute Grundstücke ... keine be-nutzbaren Gebäude befinden.
§ 179 BewG	Bewertung der unbebauten Grund-stücke Bodenrichtwert	... Fläche ... Bodenrichtwerten (§196 des Baugesetzbuchs). ... ... zuletzt zu ermitteln war.

§ 180 Abs. 1 BewG	Begriff der bebauten Grundstücke Benutzbare Gebäude	Bebaute Grundstücke sind Grundstücke, auf denen sich benutzbare Gebäude befinden.
§ 181 Abs. 2 BewG	Grundstücksarten Ein- und Zweifamilienhaus	Ein- und Zweifamilienhäuser ... ...weniger als 50 Prozent ... Wohnzwecken mitbenutzt ... Eigenart als Ein- und Zweifamilienhaus nicht wesentlich beeinträchtigt wird.
§ 181 Abs. 3 BewG	Grundstücksarten Mietwohngrundstücke	Mietwohngrundstücke ... mehr als 80 Prozent ... nicht Ein- und Zweifamilienhäuser oder Wohnungseigentum ...
§ 181 Abs. 4 BewG	Grundstücksarten Wohnungseigentum	Wohnungseigentum ... Miteigentumsanteil ...
§ 181 Abs. 5 BewG	Grundstücksarten Teileigentum	Teileigentum ...
§ 181 Abs. 6 BewG	Grundstücksarten Geschäftsgrundstücke	Geschäftsgrundstücke ... die zu mehr als 80 Prozent ... nicht Teileigentum sind.
§ 181 Abs. 7 BewG	Grundstücksarten Gemisch genutzte Grundstücke	Gemischt genutzte Grundstücke ... nicht Ein- und Zweifamilienhäuser, Mietwohngrundstücke, Wohnungseigentum, Teileigentum oder Geschäftsgrundstücke sind.
§ 181 Abs. 8 BewG	Grundstücksarten Sonstige	Sonstige bebaute Grundstücke ...

§ 181 Abs. 9 BewG	Grundstücksarten Wohnung	... Wohnung ... ... Die Wohnfläche muss mindestens 23 Quadratmeter (m²) betragen.
§ 182 Abs. 1 BewG	Bewertung der bebauten Grundstücke	... Vergleichswertverfahren (Absatz 2 und § 183) ... Ertragswertwertverfahren (Absatz 3 und §§ 184 bis 188) ... Sachwertverfahren (Absatz 4 und §§ 189 bis 191) ...
§ 183 Abs. 1 BewG	Bewertung im Vergleichswertverfahren	... Vergleichswertverfahrens sind Kaufpreise von Grundstücken heranzuziehen ...
§ 184 Abs. 1 BewG	Bewertung im Ertragswertverfahren	... (Gebäudeertragswert) getrennt von dem Bodenwert ...
§ 184 Abs. 2 BewG	Bewertung im Ertragswertverfahren Bodenwert	... Bodenwert ... des unbebauten Grundstücks nach § 179.
§ 184 Abs. 3 BewG	Bewertung im Ertragswertverfahren Außenanlagen	... ... mindestens der Bodenwert ... ... insbesondere Außenanlagen, sind regelmäßig mit dem Ertragswert des Gebäudes abgegolten.
§ 185 Abs. 1 BewG	Ermittlung des Gebäudeertragswerts Rohertrag	... ... Rohertrag ... Bewirtschaftungskosten (§ 187).

§ 185 Abs. 2 BewG	Ermittlung des Gebäudeertragswerts Verzinsung	... Grundstücks ... zu vermindern, der sich durch eine angemessene Verzinsung des Bodenwerts ergibt; ... Gebäudereinertrag.
§ 185 Abs. 3 BewG	Ermittlung des Gebäudeertragswerts Anlage 21	... Anlage 21 ... ... Die Restnutzungsdauer wird grundsätzlich aus dem Unterschiedsbetrag zwischen der wirtschaftlichen Gesamtnutzungsdauer, die sich aus der Anlage 22 ergibt, und dem Alter des Gebäudes am Bewertungsstichtag ermittelt. ... Veränderungen eingetreten, die die wirtschaftliche Gesamtnutzungsdauer des Gebäudes verlängert oder verkürzt haben, ist von einer der Verlängerung oder Verkürzung entsprechenden Restnutzungsdauer auszugehen. ... nutzbaren Gebäudes beträgt regelmäßig mindestens 30 Prozent der wirtschaftlichen Gesamtnutzungsdauer.
§ 186 Abs. 1 BewG	Rohertrag des Grundstücks	Rohertrag ist das Entgelt, das für die Benutzung ... Zeitraum von zwölf Monaten zu zahlen ist. Umlagen, die zur Deckung der Betriebskosten gezahlt werden, sind nicht anzusetzen.
§ 186 Abs. 2 BewG	Rohertrag des Grundstücks eigengenutzt	...Grundstücksteile ... Nr. 1.

		... eigengenutzt, ungenutzt, zu vorüber-gehendem Gebrauch oder unentgeltlich überlassen sind,
§ 186 Abs. 2 BewG	Rohertrag des Grundstücks Abweichung	Nr. 2. ... einer um mehr als 20 Prozent von der üblichen Miete abweichenden ...
§ 186 Abs. 2 BewG	Rohertrag des Grundstücks Betriebskosten	ist die übliche Miete anzusetzen. ... Betriebskosten sind nicht mit einzube-ziehen.
§ 187 Abs. 1 BewG	Bewirtschaftungs-kosten Verwaltungskosten	... Verwaltungskosten, Betriebskosten, Instandhaltungskosten und das Miet-ausfallwagnis; durch Umlagen gedeckte Betriebskosten ...
§ 187 Abs. 2 BewG	Bewirtschaftungs-kosten Anlage 23	... ... Anlage 23 ...
§ 188 Abs. 1 BewG	Liegenschaftszins-satz Verkehrswert	... Liegenschaftszinssatz ... Verkehrswert von Grundstücken im Durchschnitt marktüblich verzinst wird.
§ 188 Abs. 2 BewG	Liegenschaftszins-satz Gutachterausschüs-sen	Anzuwenden sind die von den Gut-achterausschüssen im Sinne der §§ 192 ff. des Baugesetzbuchs ... ... gelten die folgenden Zinssätze: Nr. 1. 5 Prozent für Mietwohngrundstücke,

		Nr. 2.
		5,5 Prozent für gemischt genutzte Grundstücke mit einem gewerblichen Anteil von bis zu 50 Prozent ...
§ 188 Abs. 2 BewG	Liegenschaftszinssatz 6 Prozent	Nr. 3. 6 Prozent für gemischt genutzte Grundstücke ... von mehr als 50 Prozent ...
§ 189 Abs. 1 BewG	Bewertung im Sachwertverfahren Gebäudesachwert	... (Gebäudesachwert) ...
§ 189 Abs. 2 BewG	Bewertung im Sachwertverfahren Bodenwert	... Bodenwert ... des unbebauten Grundstücks nach § 179.
§ 189 Abs. 3 BewG	Bewertung im Sachwertverfahren Wertzahl	... ... Wertzahl nach § 191 zu multiplizieren.
§ 190 Abs. 1	Ermittlung des Gebäudesachwerts Regelherstellungskosten	... Regelherstellungskosten des Gebäudes ... > A 26, A 29 AEBewGrV ... ... Anlage 24

§ 190 Abs. 4 BewG	Ermittlung des Gebäudesachwerts Gebäudeherstellungswert	... ... Anlage 22 ... ... verbleibende Gebäudewert ist regelmäßig mit mindestens 30 Prozent des Gebäuderegelherstellungswerts anzusetzen.
§ 191 Abs. 2 BewG	Wertzahlen	... Anlage 25 ...
§ 193 Abs. 1 BewG	Bewertung des Erbbaurechts Vergleichskaufpreis	... Erbbaurecht Vergleichskaufpreise oder aus Kaufpreisen abgeleitete Vergleichsfaktoren vorliegen.
§ 193 Abs. 2 BewG	Bewertung des Erbbaurechts Bodenwertanteil	... Bodenwertanteil nach Absatz 3 und einem Gebäudewertanteil nach Absatz 5.
§ 193 Abs. 3 BewG	Bewertung des Erbbaurechts Differenz	... Differenz zwischen Nr. 1. dem angemessenen Verzinsungsbetrag ... nach Absatz 4 und
§ 193 Abs. 3 BewG	Bewertung des Erbbaurechts Jährlichen Erbbauzins	Nr. 2. ... vereinbarten jährlichen Erbbauzins.

§ 193 Abs. 4 BewG	Bewertung des Erbbaurechts Ein- und Zweifamilienhäuser	... Anwendung des Liegenschaftszinssatzes ... auf den Bodenwert nach § 179. Nr. 1. 3 Prozent für Ein- und Zweifamilienhäuser ...
§ 193 Abs. 4 BewG	Bewertung des Erbbaurechts Mietwohngrundstücke	Nr. 2. 5 Prozent für Mietwohngrundstücke und Wohnungseigentum ...
§ 193 Abs. 4 BewG	Bewertung des Erbbaurechts Mietwohngrundstücke	Nr. 3. 5,5 Prozent für gemischt genutzte Grundstücke ... gewerblicher Anteil von bis zu 50 Prozent ...
§ 193 Abs. 4 BewG	Bewertung des Erbbaurechts Gemischt genutzte Grundstücke	Nr. 4. 6 Prozent für gemischt genutzte Grundstücke ... gewerblicher Anteil von mehr als 50 Prozent ...
§ 193 Abs. 4 BewG	Bewertung des Erbbaurechts Geschäftsgrundstücke	Nr. 5. 6,5 Prozent für Geschäftsgrundstücke und Teileigentum.
§ 193 Abs. 5 BewG	Bewertung des Erbbaurechts Ertragswertverfahren	... Gebäudewertanteil ... Ertragswertverfahren der Gebäudeertragswert ... ... Ablauf des Erbbaurechts verbleibende Gebäudewert nicht oder nur teilweise zu entschädigen ... um den Gebäudewertanteil des Erbbaugrundstücks nach § 194 Abs. 4 zu mindern.

§ 194 Abs. 2 BewG	Bewertung des Erbbaugrundstücks Bodenwertanteil	... Bodenwertanteil nach Absatz 3 den Wert des Erbbaugrundstücks.
§ 194 Abs. 3 BewG	Bewertung des Erbbaugrundstücks	... abgezinsten Bodenwerts nach § 179 ...
	Abgezinsten Bodenwerts	... Abhängigkeit vom Zinssatz nach § 193 Abs. 4 ... Anlage 26 ... ... Bewertungsstichtag vereinbarten jährlichen Erbbauzinsen ... Anlage 21 ...
§ 194 Abs. 4 BewG	Bewertung des Erbbaugrundstücks entschädigungslos	... anteiligen Gebäudewert ... entschädigungslos zufällt ... Anlage 26 ...
§ 195 Abs. 2 BewG	Gebäude auf fremdem Grund und Boden Vervielfältiger	... ... zu beseitigen, ist bei der Ermittlung des Gebäudeertragswerts der Vervielfältiger nach Anlage 21 anzuwenden ...
§ 198 BewG	Nachweis des niedrigeren gemeinen Werts	... dass der gemeine Wert der wirtschaftlichen Einheit am Bewertungsstichtag niedriger ist als der nach den §§ 179, 182 bis 196 ermittelte Wert, so ist Wert dieser anzusetzen.
§ 199 Abs. 1 BewG	Anwendung des vereinfachten Ertragswertverfahrens Ertragswertverfahren	... an einer Kapitalgesellschaft ... vereinfachte Ertragswertverfahren ...

§ 199 Abs. 2 BewG	Anwendung des vereinfachten Ertragswert- verfahrens Betriebsvermögen	... Betriebsvermögen ...
§ 200 Abs. 1 BewG	Vereinfachtes Er- tragswertverfahren Kapitalisierungsfak- tor	... vorbehaltlich der Absätze 2 bis 4 der zukünftig nachhaltig erzielbare Jahres- ertrag (§§ 201 und 202) mit dem Kapita- lisierungsfaktor (§ 203) zu multiplizie- ren.
§ 200 Abs. 2 BewG	Vereinfachtes Er- tragswertverfahren Kapitalisierungsfak- tor Gemeiner Wert	... (nicht betriebsnotwendiges Vermö- gen) ... gemeinen Wert oder Anteil am gemeinen Wert angesetzt.
§ 200 Abs. 3 BewG	Vereinfachtes Er- tragswertverfahren Kapitalisierungs- faktor Beteiligungen	... Beteiligungen ... gemeinen Wert an- gesetzt.
§ 200 Abs. 4 BewG	Vereinfachtes Er- tragswertverfahren Schulden	... unter die Absätze 2 und 3 fallen ... stehende Schulden werden neben dem Ertragswert mit dem eigenständig zu ermittelnden gemeinen Wert ange- setzt.
§ 201 Abs. 2 BewG	Ermittlung des Jah- resertrags herzuleiten	... drei vor dem Bewertungsstichtag abgelaufenen Wirtschaftsjahre herzulei- ten. ... noch nicht abgelaufenen Wirtschafts- jahres ist anstelle des drittletzten abge- laufenen Wirtschaftsjahres einzubezie-

		hen … Herleitung des künftig zu erzielenden Jahresertrags von Bedeutung ist. … Betriebsergebnisse ist durch drei zu dividieren und ergibt den Durchschnittsertrag. Das Ergebnis stellt den Jahresertrag dar.
§ 202 Abs. 1 BewG	Betriebsergebnis Ausgangswert	… § 4 Abs. 1 Satz 1 des Einkommensteuergesetzes auszugehen (Ausgangswert) … Anteil am Betriebsvermögen Ergebnisse aus den Sonderbilanzen und Ergänzungsbilanzen unberücksichtigt.
§ 202 Abs. 1 BewG	Hinzurechnungen	Nr. 1. Hinzuzurechnen sind
§ 202 Abs. 1 BewG	Sonderabschreibungen	a) … Sonderabschreibungen …
§ 202 Abs. 1 BewG	Geschäfts- oder Firmenwert	b) … Geschäfts- oder Firmenwert …
§ 202 Abs. 1 BewG	Veräußerungsverluste	c) … Veräußerungsverluste …
§ 202 Abs. 1 BewG	Investitionszulagen	d) … erhaltene Investitionszulagen …
202 Abs. 1 BewG	Betriebsergebnis	e) … Ertragsteueraufwand …
§ 202 Abs. 1 BewG	Vermögen	f) Aufwendungen, die im Zusammenhang stehen mit Vermögen im Sinne des § 200 Abs. 2 und 4, und übernommene Verluste aus Beteiligungen im Sinne des § 200 Abs. 2 bis 4;

§ 202 Abs. 1 BewG	Abzuziehen	Nr. 2. abzuziehen sind
§ 202 Abs. 1 BewG	Auflösungsbeträge	a) gewinnerhöhende Auflösungsbeträge
§ 202 Abs. 1	Veräußerungsge-winne	b) einmalige Veräußerungsgewinne sowie außerordentliche Erträge;
§ 202 Abs. 1 BewG	Investitionszulagen	c) ... erhaltene Investitionszulagen ... zulagebegünstigten Investitionen ...
§ 202 Abs. 1 BewG	Unternehmerlohn	d) ... angemessener Unternehmerlohn ...
§ 202 Abs. 1 BewG	Ertragsteuern	e) Erträge aus der Erstattung von Er-tragsteuern ...
§ 202 Abs. 1 BewG	Erträge	f) Erträge, die im Zusammenhang ste-hen mit Vermögen im Sinne des § 200 Abs. 2 bis 4;
§ 202 Abs. 1 BewG	Vermögensminde-rungen	Nr. 3. ... Vermögensminderungen oder -erhöhungen ... Nummern 1 und 2 be-rücksichtigt wurden.
§ 202 Abs. 3 BewG	Betriebsergebnis	... ist ein positives Betriebsergebnis ... um 30 Prozent zu mindern.
§ 203 Abs. 1 BewG	Kapitalisierungs-faktor	...Kapitalisierungsfaktor beträgt 13,75.

§ 203 Abs. 3 BewG	Kehrwert	... Kapitalisierungsfaktor ist der Kehrwert des Kapitalisierungszinssatzes.

Richtlinien zum Erbschaftsteuerrecht und Bewertung (hier zitiert als ErbStR)

Zitervorschlag: RE 3.1 Abs. 1 ErbStR bzw. HE 3.1 Abs. 2 ErbStR

RE 3.1 Abs. 1 ErbStR	Erwerb durch Erbanfall und Teilungsanordnung oder Ausgleichungen Erbauseinander-setzungen	... [2] ... jeweiligen Erbteil anzurechnen und führen somit zu keiner Veränderung oder Verschiebung der Erbanteile. [3] ... Erbauseinandersetzung sind Teilungsanordnungen für die Ermittlung des Anteils des einzelnen Erben am Nachlass ...
RE 3.1 Abs. 3 ErbStR	Nachfolgeklausel	... qualifizierte Nachfolgeklausel ... [2] ... eintretenden Sondererbfolge können auch diese Teilungsanordnungen erbschaftsteuerrechtlich unbeachtlich sein, falls insoweit bei Auslegung der Willenserklärungen des Erblassers ...
HE 5.1 Abs. 2 ErbStR	Erbrechtlicher Zugewinnausgleich	Preisindex für die Lebenshaltung aller privaten Haushalte ...
HE 5.1 Abs. 5 ErbStR	Berechnung der fiktiven Ausgleichs-forderung	*Beispiel*

HE 7.3. ErbStR	Mittelbare Grundstücksschenkung *Einzelfälle*	Nr. 2. ... aufzubringenden Kaufpreises für dieses Grundstück ... ... Trägt der Schenker nur einen unbedeutenden Teil ... ... Grundsätzlich ist ein Anteil bis etwa 10 Prozent ... unbedeutend ...
HE 7.4 Abs. 2 ErbStR	Bemessungsgrundlage bei der Inanspruchnahme einer Steuerbefreiung	*Beispiel*
RE 7.4 Abs. 3 ErbStR	Bemessungsgrundlage bei der Inanspruchnahme einer Steuerbefreiung	... [1] ...mehrere Vermögensgegenstände ... [2] ... nach §§ 13, 13a oder 13 c ErbStG ...
HE 7.4 Abs. 3 ErbStR	Bemessungsgrundlage in sog. **Mischfällen**	*Beispiel*
RE 9.1 Abs. 1 ErbStR	Zeitpunkt der Ausführung einer Grundstücksschenkung	... [2] ... Auflassung i.S. des § 925 BGB ...
RE 10.1 Abs. 1 ErbStR	Ermittlung des steuerpflichtigen Erwerbs und der Erbschaftsteuer	*Schema bis zur festzusetzenden Erbschaftsteuer*

RE 10.4 Abs. 2 ErbStR	Übertragung eines Anteils an einer vermögensverwaltenden Personengesellschaft	... [4] Beim Erwerb von Todes wegen (§ 3 ErbStG) ...
RE 10.9 Abs. 2 ErbStR	Pauschbetrag für Nachlassverbindlichkeiten	... [2] ... grundsätzlich für jeden Erwerber ... [3] ... Verpflichtung zur Kostenübernahme ...
RE 11 ErbStR	Rückwirkende Umwandlung einer Personengesellschaft in eine Kapitalgesellschaft und umgekehrt	... [2] ...ausschließlich nach den tatsächlichen Verhältnissen
RE 12.2 Abs. 1 ErbStR	Maßgeblichkeit des Zivilrechts für das Erbschaft-Steuerrecht bei im Erbfall noch nicht vollständig erfüllten Grundstückskaufverträgen	... Übergang des Eigentums nach dem zivilrechtlichen Eigentumsbegriff entscheidend.

RE 12.2 Abs. 2 ErbStR	Sachleistungs- ansprüche	... [2] ... Erwerb von Todes wegen ist daher ein Grundstück erbschaftsteuerrechtlich bis zur Eintragung des Eigentümerwechsels im Grundbuch bei den Erben nach dem Veräußerer zu erfassen. ... [4] ... Sachleistungsansprüche und Verpflichtungen ... gemeinen Wert. ... [5] ... Sachleistungsansprüche ...
RE 13.1 Abs. 1 ErbStR	Steuerbefreiungen; Allgemeines Zeitpunkt der Steuerentstehung	... Voraussetzung für eine Steuerbefreiung müssen, ... im Zeitpunkt der Steuerentstehung erfüllt sein.
RE 13.1 Abs. 2 ErbStR	Steuerbefreiungen; Allgemeine Steuerbefreiungen	... einzelne Steuerbefreiung ist für sich anzuwenden. ... schließt eine andere, eventuell ... Befreiung nicht aus.
RE 13.3 Abs. 2 ErbStR	Lebzeitige Zuwendungen im Zusammenhang mit einem Familienheim *Wohnteil*	... [2] ... kommt auch der Wohnteil des Betriebsinhabers eines Betriebs der Land- und Forstwirtschaft (...) als Familienheim in Betracht... [4] ... Mittelpunkt des familiären Lebens ... [5] ... nur als Ferien- oder Wochenendwohnung ... Zweitwohnung ... [6] ... Kinder; eine Mitbenutzung der Wohnung durch Enkelkinder, Eltern oder eine Hausgehilfin ist unschädlich.

RE 13.3 Abs. 2 ErbStR		... [14] ... Aufteilung des Werts eines Gebäudes, das neben der eigenen Wohnnutzung weitere Nutzungen aufweist, erfolgt nach der Wohn-/Nutzfläche;
RE 13.3 Abs. 4 ErbStR	Lebzeitige Zuwendungen im Zusammenhang mit einem Familienheim Gestaltung	...Gestaltungen steuerfrei: Nr. 1. Übertragung ... Nr. 2. ...aus den Mitteln ... Nr. 3. Anschaffung oder Herstellung ... Nr. 4. Tilgung ... Nr. 5. Befreiung von einer Schuld ... Nr. 6. Begleichung nachträglicher ...
RE 13.4 Abs. 2 ErbStR	Erwerb eines Familienheims von Todes wegen *zwingende Gründe*	... [2] ... objektiv zwingenden Gründen an einer Selbstnutzung gehindert war. ... [5] ... Steuerbefreiung ist auch zu gewähren, wenn der überlebende Ehegatte oder Lebenspartner aus objektiv zwingenden Gründen im Sinne des Satzes 3 bereits im Zeitpunkt des Erwerbs an der Nutzung des Objekts zu eigenen Wohnzwecken gehindert war.

RE 13.4 Abs. 7 ErbStR	Erwerb eines Familienheims von Todes wegen *200 qm*	... [3] ...selbst genutzten Wohnung des Erblassers von höchstens 200 qm begrenzt. [4] ... ohne schuldhaftes Zögern ... [5] ... im Fall einer Pflegebedürftigkeit ... Kind wegen Minderjährigkeit rechtlich gehindert ist ... selbständig zu führen
RE 13.5 Abs. 1 ErbStR	Pflege- und Unterhaltsleistungen *Pflege und Unterhalt*	... [2] ... gesetzlich zur Pflege (z.B. Ehegatten nach § 1353 BGB ...) oder zum Unterhalt (z.B. Ehegatten nach § 1360 BGB ...) verpflichtet sind. [3] ... gegen zu geringes Entgelt im persönlichen oder privaten Bereich erbracht werden oder wurden.
RE 13.5 Abs. 2 ErbStR	Pflege- und Unterhaltsleistungen Nachlassverbindlichkeiten	... Abzug als Nachlassverbindlichkeit ...
RE 13.5 Abs. 3 ErbStR	Begünstigte Erwerbe von Todes wegen	... entsprechend.
RE 13.6 Abs. 2 ErbStR	Rückfall des geschenkten Vermögens	... wie die seinerzeit zugewendeten Gegenstände. [2] ... grundsätzlich ausgeschlossen, wenn ein Erwerb .... [3] ... objektiver Betrachtung Art- und Funktionsgleichheit besteht. [4] Wertsteigerungen der geschenkten Vermögensgegenstände, die ausschließ-

		lich auf der wirtschaftlichen Entwicklung beruhen, stehen der Steuerfreiheit des Rückfalls nicht entgegen. [5]... Einsatz von Kapital oder Arbeit erhöht, ist der hierdurch entstandene Mehrwert steuerpflichtig.
RE 13a.1 Abs. 2 ErbStR	Steuerbefreiung für Betriebsvermögen, Betriebe der Land- und Forstwirtschaft und Anteile an Kapitalgesellschaften *Allgemeines*	... [2]...jede wirtschaftliche Einheit ... ist Nr. 1. ... Umfang des begünstigten Vermögens ... Nr. 2. ... Vorwegabschlag ... Nr. 3. ... Lohnsumme Nr. 4. ... Behaltensregelung ...verstoßen wurde.
RE 13a.3 Abs. 1 ErbStR	Gleitender Abzugsbetrag	... (Abzugsbetrag). [2]...[3]...ist der Abzugsbetrag ohne Bedeutung.
HE 13a.3 ErbStR	Auswirkung des Abzugsbetrags	*Beispiel*
HE 13a.6 ErbStR	Ermittlung der Zahl der Beschäftigten	*Übersicht*
HE 13a.7	Ermittlung der Ausgangslohnsumme	*Beispiel*

RE 13a.11 Abs. 1 ErbStR	Folgen einer Wei- tergabeverpflich- tung oder einer Nachlassteilung	... [2] ... [3] ...sind insbesondere Nr. 1. Sachvermächtnisse ... Nr. 2. Vorausvermächtnisse ... Nr. 3. ... Schenkungsversprechen ... Nr. 4. Auflagen des Erblassers ...
RE 13a.12 Abs. 2 ErbStR	Behaltens- regelungen; --- Allgemeines	Behaltensregelungen liegt nicht vor, wenn... Nr. 1. ... Übergangs von Todes wegen ... Nr. 2. ... Schenkung unter Lebenden ...
RE 13a.12 Abs. 3 ErbStR	Behaltens- regelungen; --- Allgemeines	Behaltensregelungen liegt dagegen vor, wenn... Nr. 1. ... Abfindung ... Nr. 2. ... Erfüllung anderer schuldrechtlicher Ansprüche ...
RE 13a.13 Abs. 1 ErbStR	Behaltens- regelungen für Betriebsvermögen	... [3] ...die Aufgabe eines Gewerbebe- triebs, Teilbetriebs oder Mitunterneh- meranteils... [3] ...[4]... [6] ...Reinvestitionsklausel ...

RE 13a.13 Abs. 2 ErbStR	Behaltens-regelungen für Betriebsvermögen	... [3]...soweit sie zum jungen Verwaltungs-vermögen im Sinne des § 13 b Absatz 7 Satz 2 ErbStG gehörten.
RE 13a.13 Abs. 3 ErbStR	Behaltens-regelungen für Betriebsvermögen	... Einbringung eines Betriebs, Teilbe-triebs oder Mitunternehmeranteils... (§§ 20, 24 UmwStG) gegen Gewährung von Gesellschaftsanteilen ist selbst kein Verstoß gegen die Behaltensregelun-gen.
HE 13a.15 ErbStR	Überentnahmen	*Beispiel*
RE 13a.16 Abs. 1 ErbStR	Behaltens-regelungen für Anteile an Kapital-gesellschaften *Veräußerung*	... [2]...teilweisen Veräußerung seiner Antei-le an der Kapitalgesellschaft ...
RE 13a.16 Abs. 2 ErbStR	Behaltens-regelungen für Anteile an Kapital-gesellschaften *Kein Kapital*	... kein Kapital an die Gesellschafter zurückgezahlt wird.
RE 13a.16 Abs. 3 ErbStR	Behaltens-regelungen für Anteile an Kapital-gesellschaften *Behaltenszeit*	... [5]...innerhalb der Behaltenszeit einen Verstoß gegen die Behaltensregelung.

RE 13a.16 Abs. 3 ErbStR	Behaltens- regelungen für Anteile an Kapital- gesellschaften *Körperschaft*	… auf eine Personengesellschaft, eine natürliche Person oder eine andere Körperschaft (§§ 3 bis 16 UmwStG) Übertragen,…
RE 13a.17 Abs. 1 ErbStR	Wegfall der Verfügungs- beschränkung oder Stimmrechts- bindung Behaltenszeit	…nicht schon dann verloren, wenn innerhalb der Behaltensfrist Nr. 1. … Nießbrauch … Nr. 2. … Anteil verpfändet … Nr. 3. … Vereinigung aller Anteile …
RE 13a.17 Abs. 2 ErbStR	Wegfall der Verfü- gungsbeschränkung oder Stimmrechts- bindung Poolgesellschafter	…insbesondere ein, wenn innerhalb der Behaltensfrist Nr. 1. … Poolgesellschafter … Nr. 2. … Poolvereinbarung … Nr. 3. … Beteiligung der Poolgesellschafter auf 25 Prozent oder weniger sinkt …
RE 13a.18 ErbStR	Reinvestitions- klausel	… [2]…ein Teilbetrieb oder ein gesamter Betrieb veräußert wird …
RE 13a.19 Abs. 1 ErbStR	Durchführung der Nachversteuerung Begünstige	Soweit … über das begünstigte Vermö- gen verfügt … …[3] … bei einer Veräußerung einer we- sentlichen Betriebsgrundlage … ent-

	Vermögen	nommen wird. ...[6] ... Teil des begünstigten Vermögens, sind der Verschonungsabschlag und gegebenenfalls der Abzugsbetrag für den weiterhin begünstigten Teil des Vermögens zu gewähren.
RE 13a.19 Abs. 2 ErbStR	Durchführung der Nachversteuerung Unterschreiten der Lohnsumme 5 Jahren	... Unterschreiten der Lohnsummenregelung... Lohnsummenfrist von fünf Jahren...in dem Verhältnis, in dem die tatsächliche Lohnsumme die Mindestlohnsumme unterschreitet.
RE 13a.19 Abs. 3 ErbStR	Durchführung der Nachversteuerung Reinvestition	...fünf Jahren ohne entsprechende Reinvestition zugleich dazu, dass die Mindestlohnsumme unterschritten wird, ist der Verschonungsabschlag zu kürzen. ... sind gesondert zu berechnen; der höhere sich hierbei ergebenden Beträge wird bei der Kürzung angesetzt. ... nur hinsichtlich des schädlich verwendeten Teils.
RE 13a.19 Abs. 4 ErbStR	Durchführung der Nachversteuerung Mehreren Erwerbern	... [2]... mehreren Erwerbern ... zugutegekommen und verstößt nur einer von ihnen gegen die Verschonungsvoraussetzungen, geht dies nur zu Lasten der von ihm in Anspruch genommenen Verschonung.
RE 13a.19 Abs. 5 ErbStR	Durchführung der Nachversteuerung Schenkung	...laufenden Frist von fünf Jahren im Wege der Schenkung weiter übertragen, wird ... nicht gegen die Behaltens-

		regelung verstoßen. ... Verstößt in diesem Fall der nachfolgende Erwerber gegen die Behaltensregelungen, verliert auch der vorangegangene Erwerber die Verschonung, soweit ... nicht abgelaufen ist.
RE 13a.19 Abs. 6 ErbStR	Durchführung der Nachversteuerung *Tod des Erwerbers*	...im Falle des Todes des Erwerbers ohne Auswirkung auf die Verschonungsvoraussetzungen ...
RE 13a.19 Abs.7 ErbStR	Durchführung der Nachversteuerung *rückwirkend entfällt*	...rückwirkend entfällt ... neu in Anspruch genommen werden kann.
HE 13a.19 ErbStR	Nachversteuerung	*Beispiel*
HE 13a.20 ErbStR	Vorwegabschlag bei Anteilen an einer Kapitalgesellschaft oder Beteiligung an einer Personengesellschaft	*Beispiele* *Vorwegabschlag bei Anteilen an einer Kapitalgesellschaft oder Beteiligung an einer Personengesellschaft*
RE 13a.21 Abs. 1 ErbStR	Optionsverschonung Antrag	...Antrag auf Optionsverschonung ... nur einheitlich für alle Arten des erworbenen begünstigten Vermögens... stellen. ... einheitlichen Schenkungswillens von nur einer Schenkung auszugehen.
RE 13a.21 Abs. 4 ErbStR	Optionsverschonung Begünstigungsfähiges Vermögen	...begünstigungsfähiges Vermögen ... die Grenze von 20 Prozent nicht überschreitet. ...[2] ...[3] ...[4] ... nicht erfüllt ist, erhält

		der Erwerber für das begünstigte Vermögen die Regelverschonung.
RE 13a.21 Abs. 5 ErbStR	Optionsverschonung *Verschonungsvoraussetzungen*	...zulässigen Optionsverschonung ... gegen eine der Verschonungsvoraussetzungen, entfällt die gewährte Verschonung ganz oder teilweise...richtet sich nach den Regelungen der Optionsverschonung.
RE 13b.1 Abs. 1 ErbStR	Begünstigte Erwerbe von Todes wegen *Beispiele*	... [2] ... [3] ... [4] ... begünstigte Erwerbe kommen in Betracht Nr. 1. ... (Vorausvermächtnis) ... Nr. 2. ... Schenkung auf den Todesfall ... Nr. 3. ... (Anwachsungserwerb) ... gesellschaftsvertraglicher Übertragungsverpflichtung ... Nr. 4. ... Vertrag zugunsten Dritter ... Nr. 5. ... angeordnete Stiftung ... Nr. 6. ... Vollziehung einer... Auflage... Erfüllung einer ... gesetzten Bedingung ... Nr. 7. ... Abfindung für einen Verzicht ...
RE 13b.1 Abs. 2 ErbStR	Begünstigte Erwerbe von Todes wegen	... Nachfolgeklausel wird erbschaftsteuerrechtlich wie ein Erwerb durch Erbanfall behandelt (...Teilungsanordnung) ...

	Nachfolgeklausel	
RE 13b.1 Abs. 4 ErbStR	Begünstigte Erwerbe von Todes wegen *zugewiesen*	... Erblasser selbst muss von ihm stammendes begünstigtes Vermögen dem Erwerber zugewiesen haben. [2] ... [3] Ein Verschaffungsvermächtnis ... ist nicht begünstigt, weil das erworbene Vermögen nicht vom Erblasser stammt.
HE 13b.1 ErbStR	Anwachsungserwerb	*Beispiel*
RE 13b.2 Abs. 1 ErbStR	Begünstigter Erwerb durch Schenkung unter Lebenden	... [2] ... kommen in Betracht Nr.1. ... Auflage oder infolge Erfüllung einer vom Schenker gesetzten Bedingung ... Nr.2. ... Bereicherung des Ehegatten oder Lebenspartners ... Nr. 3. ... Abfindung für einen Erbverzicht ... Nr. 4. ... Erwerb des Nacherben vom Vorerben ... Nr. 5. ... Übergang von Vermögen auf Grund eines Stiftungsgeschäfts unter Lebenden ... Nr. 6. ... vorzeitige Abfindung für aufschiebend bedingt, betagt oder befristet

		erworbene Ansprüche ... Nr. 7. ...(Anwachsungserwerb) ...
HE 13b.4 ErbStR	Europäischer Wirtschaftsraum	... gehören Island, Liechtenstein und Norwegen sowie die Mitgliedstaaten der Europäischen Union an.
RE 13b.5 Abs. 1 ErbStR	Begünstigungs- fähiges Betriebsvermögen *Gewerbebetrieb*	... [2] ... Gewerbebetrieb dienende Vermögen ...
RE 13b.5 Abs. 2 ErbStR	Begünstigungs- fähiges Betriebsvermögen *Wirtschaftliche Einheit*	... soweit sie bei der Bewertung des Betriebsvermögens zum Umfang der wirtschaftlichen Einheit gehören und diese Eigenschaft auf den Erwerber übergeht.
RE 13b.5 Abs. 3 ErbStR	Begünstigungs- fähiges Betriebsvermögen *Gewerbebetrieb*	... muss im Zusammenhang mit dem Erwerb eines ganzen Gewerbebetriebs, eines Teilbetriebs oder einer Beteiligung an einer Personengesellschaft auf den Erwerber übergehen. [2] ... sind nach ertragsteuerlichen Grundsätzen abzugrenzen.
RE 13b.5 Abs. 4 ErbStR	Begünstigungs- fähiges Betriebsvermögen *Ausländisches Betriebsvermögen*	... ist auch entsprechendes Betriebsvermögen begünstigungsfähig, das einer Betriebsstätte in einem Mitgliedstaat der Europäischen Union oder in einem Staat des Europäischen Wirtschaftsraums dient. [2] Nicht ... ist ... ausländischen Betriebsvermögens in

		Drittsaaten.
RE 13b.6 Abs. 1 ErbStR	Begünstigungs-fähige Anteile an Kapitalgesell-schaften *Mehr als 25 Prozent*	... zur Zeit der Entstehung der Steuer ihren Sitz oder ihre Geschäftsleitung im Inland ... zu mehr als 25 Prozent am Nennkapital ... beteiligt ist. ... [4] ... Bezugsrecht übertragen, handelt es sich nicht um einen begünstigungsfähi-gen Anteil ...
RE 13b.6 Abs. 2 ErbStR	Begünstigungs-fähige Anteile an Kapitalgesell-schaften *Eigene Anteile*	... [2] ... eigene Anteile hält, mindern sie das Nennkapital der Gesellschaft und erhöhen damit die Beteiligungsquote des Gesellschafters. [3] Unterbeteiligun-gen oder ... sind selbst nicht begünstigt ... unberücksichtigt.
RE 13b.6 Abs. 3 ErbStR	Begünstigungs-fähige Anteile an Kapitalgesell-schaften *Poolvereinbarung*	... nicht ... Mindestbeteiligungsquote von mehr als 25 Prozent, sind die Antei-le dennoch in die Verschonungsrege-lung einzubeziehen, ... Poolvereinba-rung im Sinne des § 13b Absatz 1 Num-mer 3 Satz 2 ErbStG erfüllt sind. ... [2] ... [3] ... Nr. 1. ... einheitlich zu verfügen Nr. 2. ... nichtgebundenen Gesellschaftern einheitlich auszuüben.

RE 13b.6 Abs. 4 ErbStR	Begünstigungs- fähige Anteile an Kapitalgesell- schaften Verfügungsregeln	... [2] ... setzt voraus, dass in der Poolverein- barung für die Poolmitglieder die glei- chen Verfügungsregeln hinsichtlich der gepoolten Anteile festgelegt sind. ... z.B. Familienmitglieder, einen Familien- stamm oder eine Familienstiftung, übertragen werden dürfen ...
RE 13b.6 Abs. 5 ErbStR	Begünstigungs- fähige Anteile an Kapitalgesell- schaften Stimmrechtlose Anteile	... zurücktreten muss; daraus folgt, dass stimmrechtslose Anteile nicht in eine Poolvereinbarung einbezogen werden können. ... [2] ... [3] ..., dass einzelne Anteilseigner auf ihr Stimmrecht ... verzichten. ... [4] ... [5] ... [6] ... [7] ... [8] ... [9] ...... [10] ... entsprechender Dokumentation ...
RE 13b.6 Abs. 6 ErbStR	Begünstigungs- fähige Anteile an Kapitalgesell- schaften *Gesellschaftsvertrag*	...Gesellschaftsvertrag oder aus anderen schriftlichen Vereinbarungen ergeben und muss im Besteuerungszeitpunkt vorliegen.
HE 13b.6 ErbStR	Begünstigungs- fähige Anteile an Kapitalgesell- schaften	Beispiele

RE 13b.8 Abs. 2 ErbStR	Erwerbe unterschiedlicher Arten begünstigungs- *fähigen* Vermögens	... Schulden und Lasten ... sind diese ... nur mit dem Betrag abzugsfähig, der dem Verhältnis... entspricht. ... können nur ... die nicht bereits bei der Ermittlung des gemeinen Werts berücksichtigt worden sind...
HE 13b.8 ErbStR	Entlastungen beim Erwerb mehrerer Arten begünstigten Vermögens	*Beispiel*
RE 13b.12 Abs. 1 ErbStR	Verwaltungsvermögen *Allgemeines Notwendiges Betriebsvermögen*	... nicht dadurch ausgeschlossen, dass es sich ertragsteuerrechtlich um notwendiges Betriebsvermögen handelt. [2] ... jede wirtschaftliche Einheit gesondert zu prüfen.
RE 13b.14 Abs. 1 ErbStR	**Grundstücksüberlassung** im Rahmen einer Betriebsaufspaltung oder des Sonderbetriebsvermögens *Weiterbelastung*	... gehören nicht zum Verwaltungsvermögen.... [2] ...eine Weiterüberlassung ... an einen Dritten führt zum Verwaltungsvermögen. ...
RE 13b.14 Abs. 2 ErbStR	Grundstücksüberlassung im Rahmen einer Betriebsaufspaltung oder des Sonderbetriebsvermögens	... zum Sonderbetriebsvermögen eines Gesellschafters einer Personengesellschaft ...

RE 13b.15 Abs. 1 ErbStR	Grundstücksüber- lassung im Rahmen einer Betriebsver- pachtung im Ganzen	... zum Verwaltungsvermögen... wenn Nr. 1. ...verpachtete Betrieb übergeht, bereits Pächter ... Nr. 2. ... Schenkung unter Lebenden ... unbe- fristeten Verpachtung ... als Erben ein- gesetzt hat oder Nr. 3. ... zunächst den Betrieb noch nicht sel- ber führen kann, ... Qualifikation noch fehlt und der Schenker im Hinblick ... Übergangszeit von maximal zehn Jahren an einen Dritten verpachtet. [2] ... 28. Lebensjahr vollendet, ... minderjähriges Kind erfolgt ist.
RE 13b.16 ErbStR	Grundstücksüber- lassung im Konzern	... [2] ...[3] ... [4] ...Verhältnisse im Besteuerungszeitpunkt ...

RE 13b.17
Abs. 3
ErbStR
	Grundstücksüber-
	lassung im Rahmen
	eines Wohnungs-
	unternehmens
		...
		- Umfang der Geschäfte,
		- Unterhalten eines Büros,
		- Buchführung zur Gewinner-
		  mittlung,
		- umfangreiche Organisations-
		  struktur ...
		- Bewerbung der Tätigkeit,
		- Anbieten der Dienstleistung ...
		... regelmäßig anzunehmen, ... mehr als
		300 eigene Wohnungen ...

RE 13b.20 Abs.1 ErbStR	**Anteile an Kapital-gesellschaften** von 25 Prozent oder weniger Verwaltungs-vermögen	... Verwaltungsvermögen zuzurechnen....
RE 13b.20 Abs.2 ErbStR	Anteile an Kapital-gesellschaften von 25 Prozent oder weniger Sonderbetriebs-vermögen	... zum Sonderbetriebsvermögen ... Verwaltungsvermögen zuzurechnen.... über 25 Prozent liegt ... [2] ... getrennt zu prüfen.
RE 13b.20 Abs.4 ErbStR	Anteile an Kapital-gesellschaften von 25 Prozent oder weniger Beteiligungsquote	Bei mehrstufigen Beteiligungen ist die Mindestbeteiligungsquote nach ... auf jeder Beteiligungsebene zu prüfen.
HE 13b.20 ErbStR	Anteile an Kapital-gesellschaften im Sonderbetriebs-vermögen	*Beispiele*
HE 13b.23 ErbStR	*Finanzmitteltest*	*Beispiele*

RE 13d Abs. 1 ErbStR	Steuerbefreiung für **Wohngrundstücke** *Was*	...wenn sie Nr. 1. ... Wohnzwecken vermietet werden, Nr. 2. ... Inland, einen Mitgliedstaat der Europäischen Union ... Nr. 3. nicht ... Land- und Forstwirtschaft ... gehören.
RE 13d Abs. 2 ErbStR	Steuerbefreiung für Wohngrundstücke Behaltens- verpflichtung	... zum Besteuerungszeitpunkt. ... Behaltensverpflichtung oder eine Verpflichtung zur weiteren Vermietung zu Wohnzwecken besteht nicht.
RE 13d Abs. 3 ErbStR		... nachträglich der Befreiungsabschlag nach § 13 c ErbStG in Anspruch genommen werden.
RE 13d Abs. 6 ErbStR	Steuerbefreiung für Wohngrundstücke Wohnzecken	... Wohnzwecken vermietet werden, gehören z.B. Ein- und Zweifamilienhäuser, Mietwohngrundstücke, Wohneigentum oder entsprechende Grundstücksteile anderer Grundstücksarten (vgl. § 181 BewG) ... ² ...³ ... ⁴ ...⁵ ⁶... andere Teile, ... sind diese nicht begünstigt. Der Befreiungsabschlag ... nach den tatsächlichen Nutzungsverhältnissen zum Besteuerungszeitpunkt ... . gewähren ... auf... entfällt. ... nach dem Verhältnis der ... gesamten Wohn-/Nutzfläche. Garagen, Nebenräume und

		Nebengebäude sind nicht den zu Wohnzwecken genutzten Flächen zuzurechnen, soweit ... vermietet sind. Das Lagefinanzamt hat die gesamte ... zu ermitteln... nachrichtlich mitzuteilen.
RE 13d Abs. 7 ErbStR	Steuerbefreiung für Wohngrundstücke Vermieteten Wohnungen	... vermieteten Wohnung auch zu anderen als Wohnzwecken ist unschädlich, wenn sie von untergeordneter Bedeutung ist. ...z.B. ... Arbeitszimmer. Eine gewerbliche oder freiberufliche Mitbenutzung einer Wohnung ist unschädlich, wenn die Wohnnutzung überwiegt.
RE 13d Abs. 8 ErbStR	Steuerbefreiung für Wohngrundstücke -vermächtnisse	... nicht in Anspruch nehmen... [2] ...[3] Nr. 1. Sachvermächtnisse ... Nr. 2. Vorausvermächtnisse ... Nr. 3. ... Schenkungsversprechen auf den Todesfall oder Nr. 4. Auflagen des Erblassers ... [4] ... Grund einer Teilungsanordnung des Erblassers verpflichtet ... auf einen Miterben zu übertragen, können ... nicht in Anspruch nehmen... wann die Auseinandersetzungsvereinbarung geschlossen wird.

RE 13d Abs. 9 ErbStR	Steuerbefreiung für Wohngrundstücke Nießbrauch	... z.B. den Nießbrauch ...einräumen, kann der Erwerber des Vermögens den Befreiungsabschlag in Anspruch nehmen, soweit eine Vermietung zu Wohnzwecken vorliegt. ... [2] ... [3] Der Befreiungsabschlag ist auch in einem solchen Fall nach den tatsächlichen Nutzungsverhältnissen im Besteuerungszeitpunkt nur auf den Teil des Grundbesitzwerts zu gewähren, der auf den zu Wohnzwecken vermieteten Teil des Gebäudes entfällt.
RE 13d. Abs. 10 ErbStR	Steuerbefreiung für Wohngrundstücke *Begünstige Vermögen*	Soweit das begünstigte Vermögen steuerfrei erworben wird ... nicht abzugsfähig.
HE 13d ErbStR	Steuerbefreiung für Wohngrundstücke	Beispiele
RE 14.1 Abs. 1 ErbStR	Berücksichtigung früherer Erwerbe; *Grundsatz*	... innerhalb von zehn Jahren von derselben Person ... mit diesem letzten Erwerb zusammenzurechnen.... [2] ... einzelnen Erwerbe aber nicht ihre Selbstständigkeit. ... auch Erwerbe aus der Zeit vor dem 1. 1.2009 einzubeziehen.
HE 14.1 Abs. 1 ErbStR	Berücksichtigung früherer Erwerbe; *Grundsatz*	Beispiele

RE 14.1 Abs. 2 ErbStR	Berücksichtigung früherer Erwerbe Grundbesitzwert	… früherer steuerlicher Wert maßgebend. … maßgebenden Grundbesitzwert …
RE 14.1 Abs. 3 ErbStR	Berücksichtigung früherer Erwerbe Letzterwerb	… im Zeitpunkt des Letzterwerbs zu berechnen.
HE 14.1 Abs. 3 ErbStR	Berücksichtigung früherer Erwerbe	Beispiele
HE 14.1 Abs. 4 ErbStR	Berücksichtigung früherer Erwerbe	Beispiele
RE 14.1 Abs. 5 ErbStR	Berücksichtigung früherer Erwerbe Anrechnung	…steuerpflichtigen Erwerb ergebende Steuer zunächst nach § 27 ErbStG zu ermäßigen … nach Maßgabe des § 21 ErbStG anzurechnen … danach festzusetzende Steuer die Begrenzung des § 14 Absatz 3 ErbStG anzuwenden.
RE 14.2 Abs. 1 ErbStR	Berücksichtigung früherer Erwerbe; Zusammentreffen mit Begünstigungen nach §§ 13a, 13c, 19a und 28a ErbStG *Mehrere Erwerbe*	…mehrerer Erwerbe …
RE 14.2 Abs.2 ErbStR	Berücksichtigung früherer Erwerbe; Zusammentreffen mit Begünstigungen nach §§ 13a, 13c, 19a und 28a ErbStG *Abzugsbetrag*	Die §§ 13a , 13c, 19a ErbStG sind … nur auf das in die Zusammenrechnung einbezogene begünstigte Vermögen anzuwenden, das nach dem 31. 12. 2008 zugewendet wurde. … Vorerwerb in Anspruch genommener Abzugsbetrag nach § 13a Absatz 2 ErbStG ist ver-

		braucht. ... Zusammenrechnung nicht bei einem späteren Erwerb begünstigten Vermögens abgezogen werden. ...
HE 14.2 Abs. 2 ErbStR	Entlastung nach § 13 a ErbStG bei der Zusammenrechnung	Beispiele
RE 14.3 Abs. 1 ErbStR	Berücksichtigung früherer Erwerbe; Mindeststeuer und Festsetzungsfrist Mindeststeuer	... darf durch den Abzug der fiktiven Steuer ... (Mindeststeuer).
RE 14.3 Abs. 2 ErbStR	Berücksichtigung früherer Erwerbe; Mindeststeuer und Festsetzungsfrist *Früherer Erwerb*	... kein Ereignis mit steuerlicher Rückwirkung dar.
RE 14.3 Abs. 2 ErbStR	Berücksichtigung früherer Erwerbe; Mindeststeuer und Festsetzungsfrist *Steuerliche Rückwirkung*	... [3.] ...Festsetzungsfrist endet ... nicht vor Ablauf der Festsetzungsfrist für den früheren Erwerb.
HE 14.3 ErbStR	Mindeststeuer	Beispiele

RE 15.3 ErbStR	Umfang des begünstigten Vermögens in den Fällen des § 15 Absatz 3 ErbStG	... ² ... 3. ...gilt Folgendes: Nr. 1. ... Surrogationsprinzips ... Nr. 2. ... nicht im begünstigten Vermögen zu berücksichtigen. Nr. 3. ... Erbfallkostenpauschale ... muss ... anteilig zugeordnet werden.
RE 17 Abs. 1 ErbStR	Besonderer Versorgungsfreibetrag *Kapitalwert zu kürzen*	... um den Kapitalwert der nicht der Erbschaftsteuer unterliegenden Versorgungsbezüge zu kürzen.... nicht der Erbschaftsteuer ... gehören insbesondere Nr. 1. Versorgungsbezüge ... Beamten ... Nr. 2. Versorgungsbezüge ... aus der gesetzlichen Rentenversicherung ... Nr. 3. Versorgungsbezüge ... berufsständischen Pflichtversicherung ... Nr. 4. Versorgungsbezüge ... Abgeordneten auf Grund der Diätengesetze ... Nr. 5. Hinterbliebenenbezüge ... Betriebsordnung ... Nr. 6. Hinterbliebenenbezüge ... Einzelvertrags

RE 17 Abs. 2 ErbStR	Besonderer Versorgungsfreibetrag Versorgungsleistungen	... alle von der Erbschaftsteuer nicht erfassten Versorgungsleistungen zu berücksichtigen ... Leistungen auf eine bestimmte Zeit oder um Leistungen in einem Einmalbetrag handelt.
RE 17 Abs. 3 ErbStR	Besonderer Versorgungsfreibetrag Bruttobezüge	... von der Höhe der jährlichen Bruttobezüge auszugehen, die dem Hinterbliebenen unmittelbar nach dem Tod des Erblassers gezahlt werden. ... [2] ...[3] ... [4] ... (z.B. 13. Monatsgehalt) ...[5] ... Einmalbeträge ...
HE 19 ErbStR	Tabelle der maßgebenden Grenzwerte für die Anwendung des Härteausgleichs	Tabelle der maßgebenden Grenzwerte für die Anwendung des Härteausgleichs.
RE 19a.1 Abs. 1 ErbStR	Tarifbegünstigte Erwerber und tarifbegünstigtes Vermögen Steuerklasse II oder III	... beim Erwerb durch eine natürliche Person der Steuerklasse II oder III in Betracht ...
RE 19a.1 Abs. 3 ErbStR	Tarifbegünstigte Erwerber und tarifbegünstigtes Vermögen Dritten übertragen	... einer letztwilligen Verfügung des Erblassers oder einer rechtsgeschäftlichen Verfügung des Erblassers oder Schenkers auf einen Dritten übertragen muss, ...nicht in Betracht.

RE 19a.2 Abs. 3 ErbStR	Berechnung des Entlastungsbetrags Steuerklasse	... [3] Für die Höhe des persönlichen Freibetrags bleibt im Rahmen der Ermittlung des steuerpflichtigen Erwerbs die tatsächliche Steuerklasse des Erwerbers maßgebend.
HE 19a.2 ErbStR	Berechnung des Entlastungsbetrags	Beispiel
RE 19a.3 Abs. 1 ErbStR	Behaltensregelung	... Vergangenheit weg, ... (Behaltenszeit) ... verstößt.
HE 19a.3 ErbStR	Verringerung des Entlastungsbetrags bei Verstoß gegen Behaltensregelungen	Beispiel
RE 21 Abs. 3 ErbStR	Anrechnung ausländischer Erbschaftsteuer *Briefkurs*	... (... jeweils der Briefkurs) ...
RE 21 Abs. 4 ErbStR	Anrechnung ausländischer Erbschaftsteuer	... Eintritt der Bestandskraft ... rückwirkendes Ereignis ... § 175 Absatz 1 Satz 1 Nummer 2 AO ...
HE 21 ErbStR	Anrechnung ausländischer Erbschaftsteuer	Beispiel

HE 23 ErbStR	Abzug persönlicher Freibeträge	Beispiel
RE 25 Abs. 1 ErbStR	Besteuerung bei Nutzungs- und Rentenlast	... mit Wirkung vom 1. Januar 2009 aufgehoben ...
RE 27 Abs. 1 ErbStR	Mehrfacher Erwerb desselben Vermögens	... höchstens mit dem Wert angesetzt, mit dem es beim Vorerwerber tatsächlich schon einmal der Besteuerung unterlag. ² eingetretene Wertsteigerung kann nicht in die Ermäßigung einbezogen ...³ ... Wertminderung eingetreten, darf nur der geminderte Wert im Zeitpunkt des Nacherwerbs in die Ermäßigung einbezogen werden.
HE 27 ErbStR	Berechnung des Ermäßigungsbetrags	Beispiel
RE 28 Abs. 6 ErbStR	Stundung	...²... ³... nicht begünstigt.
RE 28a.1 Abs. 3 ErbStR	Verschonungsbedarfsprüfung - Allgemeines	... insgesamt erworbene begünstige Vermögen

RE 30 Abs. 1 ErbStR	Anzeigepflicht des Erwerbers 3 Monaten	... einer Frist von drei Monaten ... anzuzeigen. ... grundsätzlich nicht, wenn der Erwerb auf einer Verfügung von Todes wegen beruht, die von einem deutschen Gericht, einem deutschen Notar oder einem deutschen Konsul eröffnet wurde. ... Fällen jedoch fort, wenn zu seinem Erwerb folgende Vermögensgegenstände gehören ... Nr. 1. Grundbesitz, Nr. 2. Betriebsvermögen, Nr. 3. Anteile an einer Kapitalgesellschaft ... Nr. 4. Auslandsvermögen. [4] ... bedarf es auch dann nicht ... deutschen Gericht beurkundet worden ist.
HE 31 ErbStR	Gemeinsame Steuererklärung bei Vorhandensein mehrerer Erben und weiterer Erwerber Gesamtheit	... sowohl von der Gesamtheit der Miterben als auch von einem Teil der Miterben abgegeben werden.

Bewertung

Zitiervorschlag: RB 9.2 Abs. 2 ErbStR bzw. HB 9.5 ErbStR

Beispiel: Sachleistungsansprüche sind mit dem Steuerwert des Vermächtnisgegenstands anzusetzen, RB 9.3 Abs. 2 ErbStR.

RB 4 Abs. 1 ErbStR	Bedingung und Befristung	... tritt die Wirkung eines Rechtsgeschäfts erst mit dem Eintritt der Bedingung ein; solange die Bedingung noch nicht eingetreten ist, besteht hinsichtlich des beabsichtigten Rechtserfolgs ein Schwebezustand.
RB 9.3 Abs. 2 ErbStR	Sachleistungsansprüche	... sind mit dem Steuerwert des Vermächtnisgegenstands anzusetzen ...
RB 11.1 Abs. 1 ErbStR	Notierte Wertpapiere, Aktien und Anteile sowie Investmentzertifikate *Kurs*	... maßgebenden Kurse vom Bewertungsstichtag.
RB 11.1 Abs. 2 ErbStR	Notierte Wertpapiere, Aktien und Anteile sowie Investmentzertifikate *Gemeinen Wert*	... nicht besteht, sind anzusetzen, Nr. 1. ... Anteile an Kapitalgesellschaften verbriefen... gemeinen Wert ... Nr. 2. ... Forderungsrechte verbriefen ... ergebenden Wert.

RB 11.1 Abs. 3 ErbStR	Notierte Wertpapiere, Aktien und Anteile sowie Investmentzertifikate *Telefonkurs*	... Telefonkurs im inländischen Bankverkehr vorliegt, dieser maßgebend. ... ist er möglichst aus den Kursen des Emissionslandes abzuleiten.
RB 11.1 Abs. 4 ErbStR	Notierte Wertpapiere, Aktien und Anteile sowie Investmentzertifikate *Börsenkurs*	Bei jungen Aktien und Vorzugsaktien ... gemeine Wert aus dem Börsenkurs der Stammaktien abzuleiten. [2] ... [3] ...unterschiedliche Ausstattung durch Zu- oder Abschläge zu berücksichtigen.
RB 11.2 Abs. 1 ErbStR	Nicht notierte Anteile an Kapitalgesellschaften *Zuschlag*	... ist in erster Linie aus Verkäufen unter fremden Dritten abzuleiten. ... Bewertungsstichtag weniger als 1 Jahr zurückliegen.... einem einzigen Verkauf abgeleitet werden, ... [4] ...[5.] ... [6] ...die im gewöhnlichen Geschäftsverkehr erzielt worden sind. [7] ... solcher Zuschlag für den zu bewertenden Anteil nicht anzusetzen ist.
RB 11.2 Abs. 2 ErbStR	Nicht notierte Anteile an Kapitalgesellschaften *Übliche Methode*	... ist er unter Berücksichtigung der Ertragsaussichten der Kapitalgesellschaft oder einer anderen anerkannten, auch im gewöhnlichen Geschäftsverkehr für nichtsteuerliche Zwecke üblichen Methode zu ermitteln.
RB 11.5 Abs. 1 ErbStR	**Substanzwert** *Vereinfachtes Ertragswertverfahren*	... vereinfachten Ertragswertverfahren ... oder mit einem Gutachterwert ... ermittelt wird. [2] ... fremden Dritten ... Substanzwerts als Mindestwert ausgeschlossen.

RB 11.5 Abs. 2 ErbStR	Substanzwert *Wirtschaftsgüter*	... alle Wirtschaftsgüter einzubeziehen ...
RB 11.5 Abs. 3 ErbStR	Substanzwert *Drohverlust- rückstellung*	... [2] Aktive und passive Wirtschaftsgüter gehören auch dann dem Grunde nach zum ertragsteuerlichen Betriebsvermögen ... [3] Eine handelsrechtlich gebotene Rück- stellung (z.b. Drohverlustrückstellung), die steuerlich nicht passiviert werden darf (§ 5 Abs. 4a Satz 1 EStG), ist bei der Ermittlung des Substanzwerts gleich- wohl anzusetzen. ... [5] Geschäfts-, firmenwert- oder pra- xiswertbildende Faktoren ... unabhängig davon, ob er selbst geschaf- fen oder entgeltlich erworben wurde.
RB 11.5 Abs. 4 ErbStR	Substanzwert *Rücklagen*	Rücklagen und Ausgleichsposten mit Rücklagencharakter sind im Allgemei- nen nicht abzugsfähig, weil sie Eigenka- pitalcharakter haben ....
RB 11.5 Abs. 7 ErbStR	Substanzwert *30 Prozent*	Wirtschaftsgüter des beweglichen ab- nutzbaren Anlagevermögens ... [2] ... aus Vereinfachungsgründen ... 30 Prozent der Anschaffungs- oder Herstellungs- kosten ...

RB 11.5 Abs. 8 ErbStR	Substanzwert *Wiederbeschaf- fungskosten*	Wirtschaftsgüter des Umlaufvermögens sind mit ihren Wiederbeschaffungs- oder Wiederherstellungskosten zum Bewertungsstichtag anzusetzen.
RB 11.6 Abs. 3 ErbStR	Ermittlung des Substanzwerts *Korrekturen*	... [2] Als Korrekturen kommen insbesondere in Betracht:
RB 11.8 Abs. 2 ErbStR	Paketzuschlag *Bewertung mit dem Substanzwert*	... [3] Im vereinfachten Ertragswertverfahren ist in der Regel kein Paketzuschlag vorzunehmen. ... [5] Ein Paketzuschlag ist in den Fällen der Bewertung mit dem Substanzwert nicht vorzunehmen.
RB 11.8 Abs. 3 ErbStR	Paketzuschlag *Mehr als 25 Prozent*	... ist vorzunehmen, wenn ein Gesellschafter mehr als 25 Prozent der Anteile an einer Kapitalgesellschaft auf einen oder mehrere Erwerber überträgt ...
RB 11.8 Abs. 9 ErbStR	Paketzuschlag *Bis zu 25 Prozent*	... Zuschlag bis zu 25 Prozent in Betracht kommen. [2] Höhere Zuschläge sind im Einzelfall möglich.
RB 12.3 Abs. 3 ErbStR	Zero-Bonds	... Emissionsrendite .... 9 Prozent ... mindestens 4 Jahre
RB 97.1 Abs. 1 ErbStR	Betriebsvermögen von Personengesell-	... sind entsprechend der ertragsteuerlichen Regelung einzubeziehen:

	schaften *aktiven Ansätze*	Nr. 1. ... aktiven Ansätze ...
RB 97.1 Abs. 1 ErbStR	*Sonderbilanzen*	Nr. 2. ... Sonderbilanzen (Sonderbetriebsvermögen I und II) ...
RB 97.1 Abs. 1 ErbStR	*privaten Lebensführung dient*	... [5] Ein zum Gesamthandsvermögen gehörendes Grundstück kann dann nicht Betriebsvermögen sein, wenn es ausschließlich oder fast ausschließlich der privaten Lebensführung eines, mehrerer oder aller Gesellschafter dient.
RB 97.2 ErbStR	Sonderbetriebsvermögen	... Rahmen einer Einzelbewertung zu ermitteln ...
RB 97.4 Abs. 1 ErbStR	Aufteilung des Werts des Betriebsvermögens von Personengesellschaften *Gesamthandsvermögen*	... gehörende Betriebsvermögen ist Gesamthandsvermögen.
RB 97.4 Abs. 2 ErbStR	Aufteilung des Werts des Betriebsvermögens von Personengesellschaften *Gewinnverteilungs-*	... ist wie folgt aufzuteilen: Nr.1. Kapitalkonten ... vorweg zuzurechnen. Nr.2. ... verbleibende Wert ... Gewinnverteilungsschlüssel auf die Gesellschafter

	schlüssel	aufzuteilen.
RB 97.4 Abs. 3 ErbStR	Aufteilung des Werts des Betriebsvermögens von Personengesellschaften *Gemeinen Wert*	... jeweiligen Gesellschafter mit dem gemeinen Wert anzusetzen.
HB 97.4 ErbStR	Aufteilung des Werts des Betriebsvermögens von Personengesellschaften	Beispiele
RB 103.2 Abs. 1 ErbStR	Schulden und sonstige Abzüge bei nicht bilanzierenden Gewerbetreibenden und freiberuflich Tätigen *Gesamtheit*	... wenn sie in wirtschaftlichem Zusammenhang mit der Gesamtheit oder mit einzelnen Teilen des Betriebsvermögens stehen.
RB 103.2 Abs. 2 ErbStR	Schulden und sonstige Abzüge bei nicht bilanzierenden Gewerbetreibenden und freiberuflich Tätigen *verpfändeten Wirtschaftsgut*	... [2] wird noch kein wirtschaftlicher Zusammenhang zwischen der Schuld und dem verpfändeten Wirtschaftsgut begründet.

RB 103.2 Abs. 6 ErbStR	Schulden und sonstige Abzüge bei nicht bilanzierenden Gewerbetreibenden und frei- beruflich Tätigen *Grundschulden*	... [2] ... allem Umsatzsteuer-, Gewerbe- steuer- und Grundsteuerschulden ...
RB 109.3 Abs. 2 ErbStR	Ermittlung des Substanzwerts *Vermögens-* *aufstellung*	... Wert des Betriebsvermögens zum Bewertungsstichtag aus der auf den Schluss des letzten vor dem Bewer- tungsstichtag endenden Wirtschafts- jahrs erstellten Vermögensaufstellung ... (Absatz 3) ...
RB 109.3 Abs. 3 ErbStR	Ermittlung des Sub- stanzwerts *Korrekturen*	... [2] Als Korrekturen kommen insbesondere in Betracht: Nr. 1. Hinzurechnung des Gewinns und der Einlagen sowie Abrechnung des Verlus- tes und der Entnahmen, die auf den Zeitraum vom letzten Bilanzstichtag vor dem Bewertungsstichtag bis zum Be- wertungsstichtag entfallen.
RB 151.1 Abs. 3 ErbStR	Durchführung eines Feststellungs- verfahrens *Gesonderte* *Feststellung*	... nicht Teil einer inländischen wirt- schaftlichen Einheit des Betriebsvermö- gens... unterliegt nicht der gesonderten Feststellung. [2] ... Rahmen der gesonder- ten Feststellung... zu berücksichtigen ...

RB 151.1 Abs. 4 ErbStR	Durchführung eines Feststellungs- verfahrens *Verwaltungs- aufwand*	.... [2] ... wenn der Verwaltungsaufwand der Beteiligten außer Verhältnis zur steuer- lichen Auswirkung steht und der festzu- stellende Wert unbestritten ist.
RB 151.2 Abs. 1 ErbStR	Gesonderte Feststellung von Grundbesitzwerten nach § 151 BewG *Ertragssteuerliche Grundsätze*	.... [2] ... richtet sich nach ertragsteuerlichen Grundsätzen (§§ 95 bis 97 BewG).
RB 151.2 Abs. 4 ErbStR	Gesonderte Feststellung von Grundbesitzwerten nach § 151 BewG *schätzen*	.... absehbar, dass der Steuerwert der freigebigen Zuwendung unter dem persönlichen Freibetrag des Erwerbers liegt ... kann auf eine Feststellung des Grundbesitzwerts zunächst verzichtet werden. .... [2] ... [3] ...übliche Miete, ... sind sie zu schätzen.
RB 151.2 Abs. 5 ErbStR	Gesonderte Feststellung von Grundbesitzwerten nach § 151 BewG *Grundbesitzwerte*	.... den Regelungen des § 13 Absatz 1 Nummer 4b oder 4c ErbStG ... kann zunächst darauf verzichtet werden, die Feststellung des Grundbesitzwerts an- zufordern.
RB 151.2 Abs. 6 ErbStR	Gesonderte Fest- stellung von Grund- besitzwerten nach § 151 BewG *Verzicht*	Das Betriebsfinanzamt verzichtet ... Nr. 1. ... Substanzwert...nicht zum Ansatz kommt, Nr. 2. ... Grundstück um betriebsnotwendiges Vermögen handelt ...

		Nr. 3. ... Verwaltungsvermögen ... Nr. 4. kein junges Betriebsvermögen ...vorliegt.
RB 151.2 Abs. 8 ErbStR	Gesonderte Feststellung von Grundbesitzwerten nach § 151 BewG Betriebsvermögen	... Betriebsvermögen (§§ 95, 96 BewG) ... gesondert bzw. gesondert und einheitlich festzustellen ... Dies ist stets der Fall, wenn Nr. 1. ... Substanzwert ... Nr. 2. ... Grundstück um nicht betriebsnotwendiges Vermögen handelt ... Nr. 3. ... Verwaltungsvermögen ... Nr. 4. junges Betriebsvermögen ...vorliegt.
RB 151.2 Abs. 9 ErbStR	Gesonderte Feststellung von Grundbesitzwerten nach § 151 BewG Grundbesitzwert	... gesondert festzustellen, ... [2] ...[3.] ...[4] ...zu beachten: Nr. 1. ... Grundbesitzwert der Gesellschaft zuzurechnen. Nr. 2. ... entfallende Wertanteil festzustellen und der Gesellschaft zuzurechnen. Nr. 3. ... Sonderbetriebsvermögens gilt dies entsprechend.

RB 151.3 ErbStR	Benennung des Erbschaftsteuer- finanzamts und des Erblassers/ Schenkers	... Erbschaftsteuerfinanzamt und den Erblasser/Schenker zu benennen.
RB 151.7 Abs. 2 ErbStR	Gesonderte Fest- stellung bei vermö- gensverwaltenden Gemeinschaften/ Gesellschaften *Grundbesitzwerte*	Grundbesitzwerte und Werte von nicht notierten Anteilen an Kapitalgesell- schaften sind nicht in die Feststellung nach § 151 Absatz 1 Satz 1 Nummer 4 BewG für die vermögensverwaltende Gesellschaft/ Gemeinschaft einzubezie- hen.
RB 152 ErbStR	Örtliche Zuständigkeit	...das jeweilige Erbschaftsteuerfinanz- amt zuständig.
RB 153 Abs. 6 ErbStR	Erklärungspflicht	...Erbbaurechtsfällen... Abgabe einer Feststellungserklärung ... verlangen.
RB 166 Abs. 1 ErbStR	Liquidationswert *Bodenrichtwerte*	...zuletzt vor dem Bewertungsstichtag ermittelten Bodenrichtwerten ... [2] ... bestimmt sich nach dem jeweiligen Einzelveräußerungspreis des Wirtschaftsguts am Bewertungs- stichtag.
RB 166 Abs. 2 ErbStR	Liquidationswert Kosten	...Liquidationskosten ohne weiteren Nachweis um 10 Prozent zu mindern.

HB 166 Abs. 3 ErbStR	Ermittlung des Liquidationswerts für einzelne Wirtschaftsgüter	Beispiel
RB 166 Abs. 4 ErbStR	Liquidationswert *Kapitalisierungsfaktor*	... [2] ...ist Nr. 1. Fläche und der bei der Wertermittlung zu Grunde gelegte ... Kapitalisierungsfaktor von 18,6 heranzuziehen; Nr. 2. ... übrigen Wirtschaftsgütern ...
RB 176.1 Abs. 3 ErbStR	Begriff des Grundvermögens *Abgrenzung*	Die Abgrenzung zwischen Grundvermögen und dem zum Betriebsvermögen gehörenden Grundbesitz (Betriebsgrundstücke) ergibt sich aus § 176 Absatz 1 in Verbindung mit §§ 95 und 99 BewG.
RB 178 Abs. 2 ErbStR	Gebäudebegriff	... [3] ... Bewertungsstichtag müssen alle wesentlichen Bauarbeiten abgeschlossen sein. [4] Geringfügige Restarbeiten ... (z.B. Malerarbeiten, Verlegen des Bodenbelages), schließen die Bezugsfähigkeit nicht aus.
RB 179.2 Abs. 2 ErbStR	Ansatz der Bodenrichtwerte *Geschossflächenzahl*	... [2] ... Bodenrichtwert eine Geschossflächenzahl bzw. wertrelevante Geschoss-

		flächenzahl ... folgender Formel abzuleiten:
RB 179.2 Abs. 8 ErbStR	Ansatz der Bodenrichtwerte *Besonderheiten*	... Ecklage, Zuschnitt, Oberflächenbeschaffenheit und Beschaffenheit des Baugrundes, Lärm-, Staub- oder Geruchsbelästigungen, Altlasten sowie Außenanlagen bleiben außer Ansatz.
HB 179.2 ErbStR	Abweichende Geschossflächenzahl	Tabelle
HB 179.2 ErbStR	Abweichende ... Geschossflächenzahl	Beispiele
RB 179.3 Abs. 1 ErbStR	Ansatz des Bodenwertes *Abrundung*	... ist auf volle Cent abzurunden ... [2] Der Bodenwert ist auf volle Euro abzurunden.
RB 180 Abs. 2 ErbStR	Begriff des bebauten Grundstücks *Benutzbares Gebäude*	... fertig gestellte Teil als benutzbares Gebäude anzusehen ...
RB 180 Abs. 5 ErbStR	Begriff des bebauten Grundstücks *Hauptgebäude*	... [2] ...wenn sie auf dem mit dem Hauptgebäude bebauten Grundstück stehen (z. B. Garagen).
RB 181.1 ErbStR	Grundstücksarten	Übersicht

RB 181.2 Abs. 5 ErbStR	Wohnungs- und Teileigentum *Kellerräume*	... insbesondere Kellerräume und sonstige Abstellräume, die der Grundstückseigentümer gemeinsam mit seinem Miteigentumsanteil nutzt, sind ohne Rücksicht auf die zivilrechtliche Gestaltung in die wirtschaftliche Einheit einzubeziehen.
RB 182. Abs. 1 ErbStR	Zuordnung zu den Bewertungsverfahren *Grundstücksart*	... [2] ...anzuwenden ist, richtet sich nach der Grundstücksart der wirtschaftlichen Einheit ...
RB 183. Abs. 1 ErbStR	Vergleichswertverfahren *Boden- und Gebäudewert*	... [2] ...bebauter Grundstücke umfasst den Boden- und Gebäudewert.
RB 183. Abs. 3 ErbStR	Vergleichswertverfahren *sachgerechte Weise*	... [2] .... [3] ...Abweichungen in sachgerechter Weise (Absatz 4) berücksichtigt werden können.
HB 184. ErbStR	Überblick über das der Verfahren (Schema)	*Schema (Überblick über das Verfahren)*
RB 185.3 Abs. 1 ErbStR	Restnutzungsdauer *Vereinfachung*	... [2] ...Vereinfachungsgründen keine Bedenken, das Alter des Gebäudes durch Abzug des Jahres der Bezugsfertigkeit des Gebäudes (Baujahr) vom Jahr des Bewertungsstichtags zu bestimmen.

RB 185.3 Abs. 4 ErbStR	Restnutzungsdauer *Modernisierungs-element*	Tabelle 1: Modernisierungselemente Tabelle 2 - 6
RB 185.4 Abs. 1 ErbStR	Grundstück mit mehreren Gebäu-den bzw. Gebäudeteilen *Unterschiedliche RND*	... oder die in verschiedenen Jahren bezugsfertig geworden sind, können sich unterschiedliche Restnutzungsdauern ergeben.
RB 186.1 Abs. 1 ErbStR	Rohertrag *Mieteinnahmen*	... [3]... rechnen zum Entgelt auch - Mieteinnahmen für Stellplätze, - Mieteinnahmen für Nebengebäude, z.B. für Garagen, - Vergütungen für außergewöhnliche Nebenleistungen des Vermieters, die nicht der Raumnutzung betreffen ... [4] Nicht in das Entgelt einzubeziehen sind insbesondere - Umlagen ... - Einnahmen für die Überlassung von Maschinen und Betriebsvorrichtungen, ... - die Umsatzsteuer. [5] Bei dem Entgelt handelt es sich um eine Sollmiete. [6] Auf die tatsächlich gezahlte Miete kommt es nicht an.

RB 186.1 Abs. 2 ErbStR	Rohertrag *Übliche Miete*	... [2] ... ist die übliche Miete anzusetzen.
RB 186.2 Abs. 1 ErbStR	Betriebskosten	Nicht zum Entgelt gehören die als Umlage gezahlten Betriebskosten im Sinne des § 27 II. BV oder § 2 BetrKV, die neben der Miete mit dem Mieter abgerechnet werden können (umlagefähige Betriebskosten). ... [3] Werden Betriebskosten pauschal erhoben und nicht mit dem Mieter abgerechnet, sind sie im Entgelt zu erfassen; die tatsächlich angefallenen Betriebskosten sind davon abzuziehen.
RB 186.4 Abs. 2 ErbStR	Ansatz der üblichen Miete	... [2] ... Grundstückseigentümer selbst genutzte Bürohaus und der selbst genutzte Laden unter Ansatz der üblichen Miete zu bewerten. [3] Die übliche Miete ist auch dann anzusetzen, wenn ein Grundstück oder ein Grundstücksteil an andere unentgeltlich zur Nutzung überlassen wird ... ... [5] Ungenutzt ist ein Grundstück, wenn kein Mietvertragsverhältnis vorliegt und es leer steht. [6] Vorübergehender Gebrauch liegt vor, wenn die Vermietungen typischerweise unter zwölf Monaten erfolgen, wie z.B. bei Vermietungen von Ferienwohnungen.

RB 186.5 Abs. 1 ErbStR	Ermittlung der üblichen Miete	... Mietgutachten ... [2] ... Garagen ist als übliche Miete regelmäßig ein Festwert pro Stellplatz anzusetzen.
RB 187 Abs. 2 ErbStR	Bewirtschaftungs-kosten	... die tatsächlich entstandenen Kosten sind nicht zu berücksichtigen. ... [5] Die Mindest-Restnutzungsdauer nach § 185 Abs. 3 Satz 5 BewG ist hierbei zu berücksichtigen.
RB 189 ErbStR	Allgemeine Grundsätze des Sachwertverfahrens	... getrennt vom Bodenwert auf der Grundlage von gewöhnlichen Herstellungskosten zu bemessen.
HB 189 ErbStR	Ablauf des Verfahrens	Beispiel
RB 190.1 ErbStR	Regelherstellungs-kosten	... Regelherstellungskosten ... im Sinne des § 190 Abs. 1 BewG sind nicht die tatsächlichen, sondern die gewöhnlichen Herstellungskosten je Quadratmeter Brutto-Grundfläche ...
RB 190.5 ErbStR	Besonders werthaltige Außenanlagen	... [4] ... Außenanlagen ...abzusehen, wenn ihre Sachwerte ... in der Summe 10 Prozent des Gebäudesachwerts **nicht** übersteigen...

110

RB 193. Abs. 6 ErbStR	Bewertung des Erbbaurechts	... [2] Der Vervielfältiger ergibt sich aus dem maßgebenden Liegenschaftszinssatz und der auf volle Jahre abgerundeten Restlaufzeit des Erbbaurechts.
HB 193. Abs. 7 ErbStR	Bewertung der wirtschaftlichen *Einheit des Erbbaurechts*	Beispiele
RB 198. Abs. 1 ErbStR	Nachweis des niedrigeren gemeinen Werts *Nachweislast*	... ist der niedrigere gemeine Wert ... festzustellen ... [2] ... Steuerpflichtigen trifft die Nachweislast für einen niedrigeren gemeinen Wert und nicht eine bloße Darlegungslast.
RB 198. Abs. 3 ErbStR	Nachweis des niedrigeren gemeinen Werts *Gutachten*	... regelmäßig ein Gutachten des zuständigen Gutachterausschusses oder eines Sachverständigen für die Bewertung von Grundstücken erforderlich.
RB 198. Abs. 4 ErbStR	Nachweis des niedrigeren gemeinen Werts *Eines Jahres*	... innerhalb eines Jahres vor oder nach dem Bewertungsstichtag zustande gekommener Kaufpreis über das zu bewertende Grundstück ... [2] ... Bewertungsstichtag unverändert geblieben, so kann auch dieser als Nachweis des niedrigeren gemeinen Werts dienen. [3] Es bestehen keine Bedenken, diesen Wert regelmäßig ohne Wertkorrekturen

		als Grundbesitz festzustellen.
RB 199.1 Abs. 5	Anwendung des vereinfachten Ertragswert-verfahrens *Herleitung*	... in den nachstehenden Fällen herge-leitet werden: Nr. 1. ... zeitnaher Verkäufe ... Nr. 2. ... mehr als ein Jahr vor dem Bewer-tungsstichtag ... Nr. 3. Erbauseinandersetzungen ...
RB 200. Abs. 1 ErbStR	Wertermittlung im vereinfachten Ertragswert-verfahren	*Beispiel*
RB 201. Abs. 2 ErbStR	Ermittlung des Jahresertrags	... drei vor dem Bewertungsstichtag abgelaufene Wirtschaftsjahre herzuleiten.
RB 202. Abs. 2 ErbStR	Betriebsergebnis Nicht abziehbare Betriebsausgaben	... entfallen weitere Korrekturen bei nicht abziehbaren Betriebsausgaben. ... [4] ... Investitionsabzugsbetrags bzw. durch die entsprechende Auflösung wird der Gewinn im Sinne des § 4 Abs. 1 Satz 1 EStG nicht beeinflusst, so dass insofern keine Korrektur vorzunehmen ist.

DÜRCKHEIM VERLAG

Steuergesetze, Steuerrichtlinien und Erlasse

Mit den Dürckheim-Registern werden die elementaren Gesetzestexte in den großen Gesetzessammlungen markiert, gefunden und **zielsicher** aufgeschlagen. Es kennzeichnet die **häufigsten** der für Studium und Prüfung relevanten **Gesetze und Paragrafen** im Steuerrecht. Einzelne Gesetze und Vorschriften werden in meist gesuchte Paragrafen untergliedert.

Mit dem bewährten Dürckheim-Register erhalten Sie besonders in den Klausuren den praktischen **Zeitvorteil** und allgemein einen brauchbaren **Überblick** über die wichtigsten Gesetze, die Sie für Ihre Prüfungen und im Beruf kennen müssen.

Bewertung: *„... Die Gesetzesregister aus dem Hause Dürckheim können eine hilfreiche Nachschlagehilfe für jeden Studierenden sein, der sich in knapper Zeit mit komplexen Gesetzesmaterialien zu beschäftigen hat. Sie bieten zudem eine solide Grundlage und einen ordentlichen Überblick über diejenigen Vorschriften, die im Laufe der juristischen Ausbildung zum allgemeinem „Rüstzeug" gehören und die es „in jedem Fall" zu beherrschen gilt..."*

Rechtsanwalt Dr. Leonard Walischewski, München

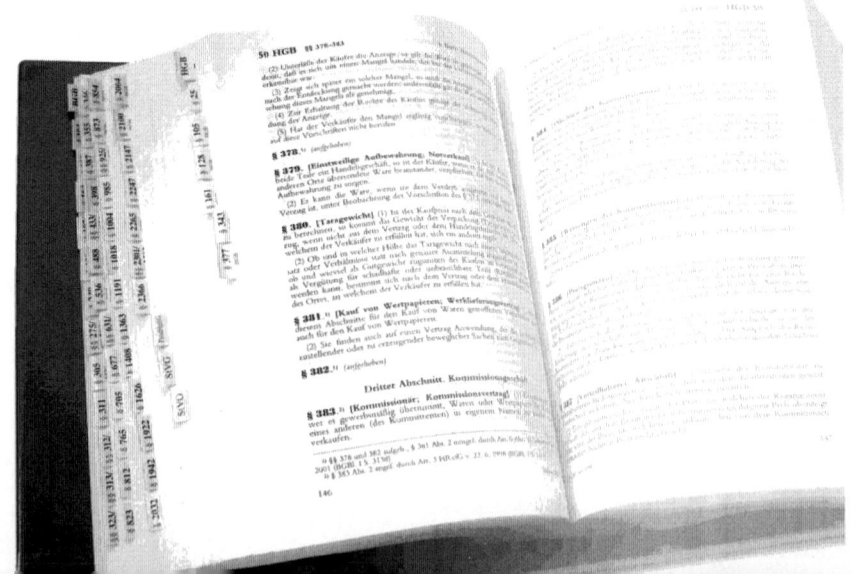